ESSENTIALS OF
MANAGEMENT ECONOMICS

알기쉬운

관리경제

사례중심

정기웅 저

MEDIA JIPHIL
(주)지필미디어

■ **저자약력**

정기웅 교수는 연세대학교 경제학과를 졸업하고 뉴욕주립대학교(SNNY at Albany)에서 경제학 박사학위를 받았다. 한국은행 자금부와 쌍용경제연구소를 거쳐 계명대학교 경영학과 교수로 재직중이다. 전공분야는 재무관리이며 Advances in Applied Microeconomics, European Journal of Political Economy, Journal of Real Estate Research, Pacific Basin Finance Journal, Research in International Business and Finance, Journal of Developing Areas, 재무연구, 재무관리연구 등의 국내외 학술지에 다수의 논문을 출간하였다. 학술진흥재단 해외파견 연구교수로 선정된 바 있으며 국제지역학회 회장을 역임하였다.

알기쉬운 관리경제 : 사례중심

지 은 이 정기웅
발 행 처 (주)지필미디어
주 소 경기도 파주시 문발로 132, 402호(구, 문발동 531-4/우편번호 10881)
전 화 (031) 957-4504
팩 스 (031) 957-4503
이 메 일 book@jiphil.co.kr
홈페이지 jiphil.co.kr
발 행 인 김성남

발 행 일 2018년 2월 26일 초판 1쇄
등록번호 2제 312-1997-000043호 (1997년 07월 16일)
ISBN 9791186674505 93320
값 18,000원

서문

현대 자본주의는 기업사회라고 할 수 있을 만큼 기업의 사회적 역할이 갈수록 더욱 더 중요해지고 있다. 경제학이 기업경영관점에서 어떻게 활용될 수 있는가를 설명하기에는 매우 어렵다. Baye 교수가 지은 책, "Managerial Economics and Business Strategy(3인 공역, 경영전략과 경영경제학)"이 이러한 문제를 상당히 해결해 주었다. 그러나 Baye 책은 범위가 너무 광범위하고 이론이 많아 학부수준의 학생들이 이해하기가 어려웠다.

따라서 Baye 책을 중심으로 하되, 이 책은 현실과 밀접한 수많은 사례를 활용하여 기업경영자들을 위해 경제학 주제별로 설명을 하였다. 이를 통해 학생은 물론 직장인들도 경제관련 주제에 대해 이해하기 쉽고 상당한 흥미를 가질 수 있도록 하였다. 특히, 경영전략차원에서 문제제기를 하고 해답을 유도하여 기업종사자들에게 경제학이 유용하고 실무적인 학문이라 것을 일깨워주고 있다.

이 책은 기업을 경영할 때 핵심적으로 필요한 경제학적 도구에 대해 사례를 중심으로 전달하는 것에 목표를 두었다.

이 책을 출판하는 데 있어서 많은 분들의 도움이 있었다. 우선 이 책을 흔쾌히 출판해주신 지필미디어 출판사의 김성남 사장님께 감사드린다. 또한 여러 가지로 도움을 주신 Baye 책 공역자인 국민대학교 이상학, 강재형 교수님께도 감사드린다.

2018년 2월

차례

1 수요와 공급 분석

2 탄력성을 활용한 수요분석

3 소비자(개인) 행동이론

4 기업의 생산량 결정과 비용최소화

5 생산요소 조달방법

6 산업구조

7 완전경쟁시장, 독점시장, 독점적 경쟁시장

10 시장지배력을 가진 기업의 가격전략

11 정보경제학

12 경영전략의 새로운 영역

13 정부규제와 기업경영

1 수요와 공급 분석

Ⅰ. 시장수요곡선: 수요의 이동요인, 수요함수, 소비자잉여

Ⅱ. 시장공급곡선: 공급의 이동요인, 공급함수, 생산자잉여

Ⅲ. 시장균형

Ⅳ. 비교정태분석

수요와 공급 분석은 "커다란 그림(big picture)"을 그리기 위해 경영자들이 사용할 수 있는 도구이다. 경영자들이 시장추세와 가능성 있는 변화에 대한 명확한 이해(picture)없이 기업의 일상적인 의사결정에 함몰되어 있기 때문에 많은 기업들이 도산한다.

예를 들어, 여러분이 PC를 판매하는 소규모 소매점을 경영한다고 하자. 마술요정 지니가 나타나서 말하기를, "다음 달까지 PC의 시장가격이 하락하고 소비자들은 PC 구매를 거의 하지 않을 것이다"라고 한다. 요정은 큰 그림을 표현했다: PC가격과 매출은 하락할 것이다. 여러분이 만약 이와 같은 가격과 매출에 대한 미래의 추세를 모른 채 여러분 기업의 세부사항에 대해 걱정한다면, 여러분은 경쟁에서 상당히 불리한 위치에 있게 될 것이다. 큰 그림을 그리지 않게 되면, 여러분은 공급업자(납품업체) 및 소비자들과 잘못된 가격에 대해 협상하고, 너무 많은 재고를 보유하게 되며, 너무 많은 사람을 고용하게 될 것이다. 또한 (만약 여러분의 기업이 정보형 광고를 위해 자금을 지출하면) 그 광고가 활자화되어 나올 때쯤에는 여러분의 가격이 더 이상 경쟁적이지 못한 상황에서 여러분은 광고를 하게 될 것이다.

공급과 수요분석은 위에서 언급한 요정 지니처럼 경영자들이 "큰 그림"을 그릴 수 있도록 해주는 정성적 도구이다. 그것은 경쟁시장에서 추세를 예측하기 위해 여러분이 사용할 수 있는 정성적 예측도구이다. 그러한 추세에는 여러분 기업의 제품 및 그와 관련된 제품(대체재와 보완재 모두)의 가격변화, 그리고 여러분의 기업운영에 필요한 (노동 서비스와 같은) 생산요소의 가격변화추세가 포함된다.

I 시장수요곡선

■ 다른 요소는 변동이 없는 상태에서 각 가격대에서 구매될 수량을 보여준다.

※ 수요법칙 : 수요곡선은 우하향 한다.

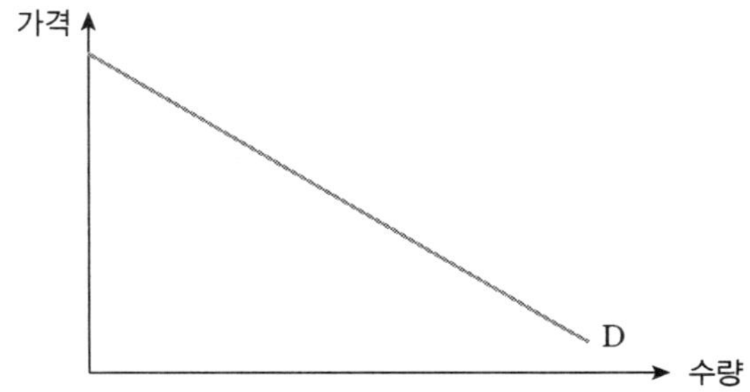

〈그림 1-1〉 시장 수요곡선

1. 수요의 이동요인

■ 소득

- 정상재
- 열등재

■ 관련된 재화의 가격

- 대체재의 가격
- 보완재의 가격

■ 광고와 소비성향

■ 인구

■ 소비자 기대

2. 수요 함수

■ 수요함수를 나타내는 일반적인 방정식

$$Q_X^d = f(P_X, P_Y, M, H)$$

- Q_X^d = 재화 X의 수요량
- P_X = 재화 X의 가격

* P_Y = 관련 재화 Y의 가격 - 대체재, 보완재
* M = 소득 - 정상재, 열등재
* H = 수요에 영향을 주는 모든 다른 변수

(1) 수요량의 변화

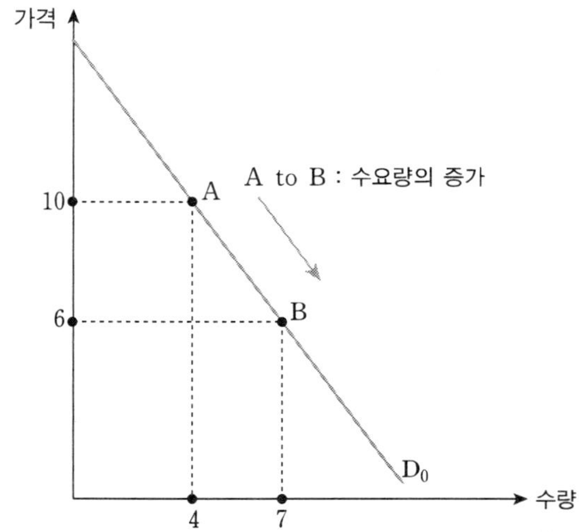

〈그림 1-2〉 수요량의 증가

(2) 수요의 변화

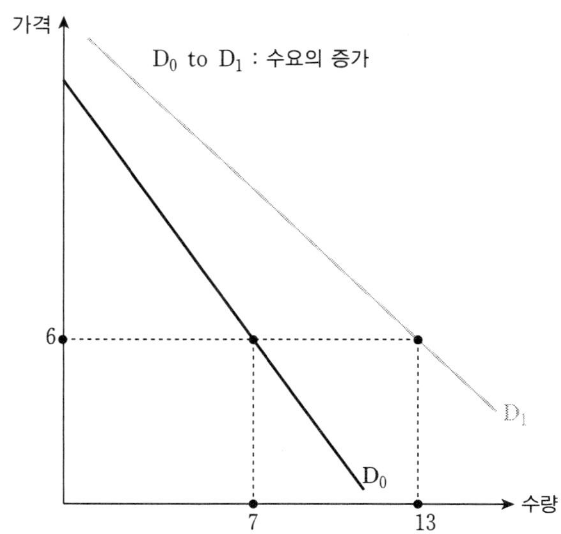

〈그림 1-3〉 수요의 증가

3. 소비자 잉여

- 소비자들이 재화로부터 얻지만 값을 지불할 필요가 없는 가치
- 소비자 잉여는 가치가격결정, 그리고 가격차별을 강조하는 마케팅 및 기타전략 등에서 유용하다.

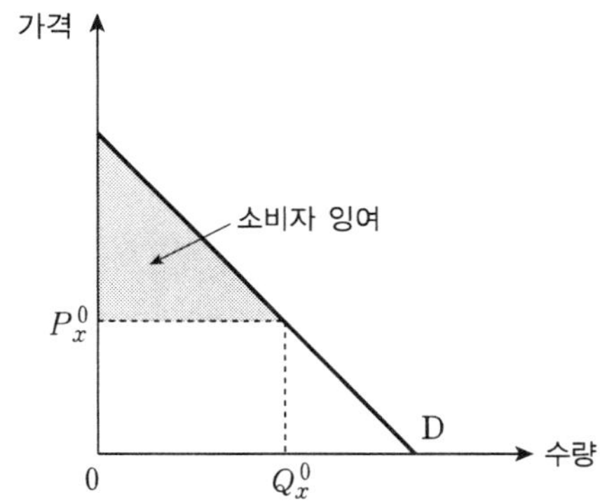

〈그림 1-4〉 소비자 잉여

(1) 나는 거래를 아주 잘했다: 소비자 잉여가 크다.

- 그 회사는 값에 비해 많은 것을 제공한다.
- DELL사는 좋은 가치를 제공한다.
- 총 가치는 총 지불액보다 크게 초과한다.

(2) 나는 거래를 잘 못했다: 소비자 잉여가 낮다.

- 자동차 딜러는 구매자에게 빡빡한 흥정을 한다.
- 나는 그것을 구입하지 않기로 (거의)결심했다.
- 그들은 나에게서 마지막 1센터까지 쥐어짜냈다.

II 시장공급곡선

- 공급곡선은 각 가격대에서 생산될 재화의 양을 보여준다.
  ※ 공급법칙 : 공급 곡선은 우상향.

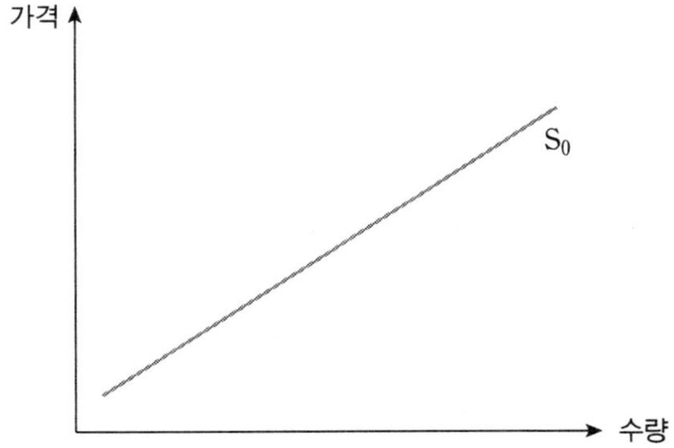

〈그림 1-5〉 시장공급곡선

1. 공급의 이동요인

- 생산요소가격
- 기업 수
  - 진입
  - 퇴출
- 생산에서의 대체품
- 생산자 기대
- 기술 또는 정부규제
- 세금

2. 공급함수

- 공급곡선을 나타내는 일반적인 방정식

$$Q_X^S = f(P_X, P_Y, W, H)$$

Q_X^s = 재화 X의 공급량

P_X = 재화 X의 가격

P_Y = 관련된 Y 재화의 가격

W = 생산요소의 가격 (임금 등)

H = 공급에 영향을 주는 다른 모든 변수

(1) 공급량의 변화

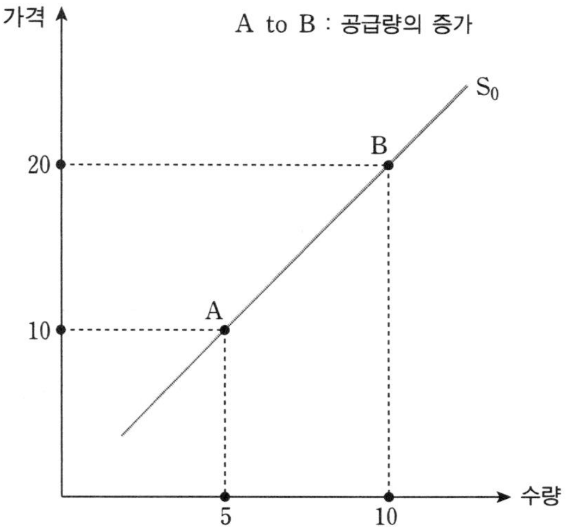

〈그림 1-6〉 공급량의 증가

(2) 공급의 변화

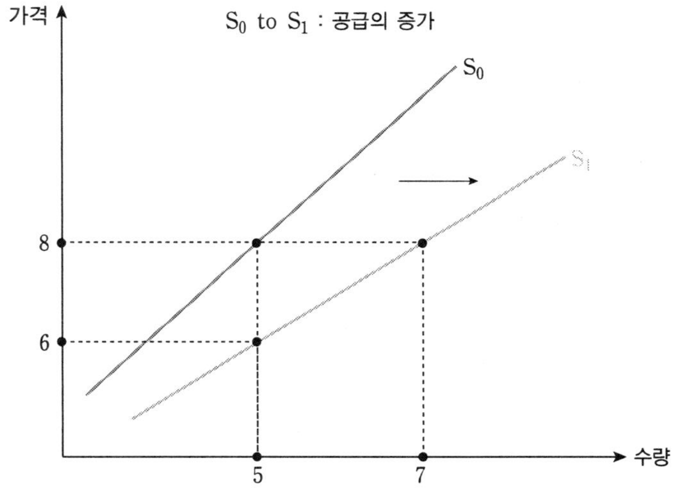

〈그림 1-7〉 공급의 증가

3. 생산자 잉여

- 생산자들로 하여금 그 재화를 생산하도록 유도하기 위해 필요한 금액을 초과하여 생산자들이 받게 되는 금액

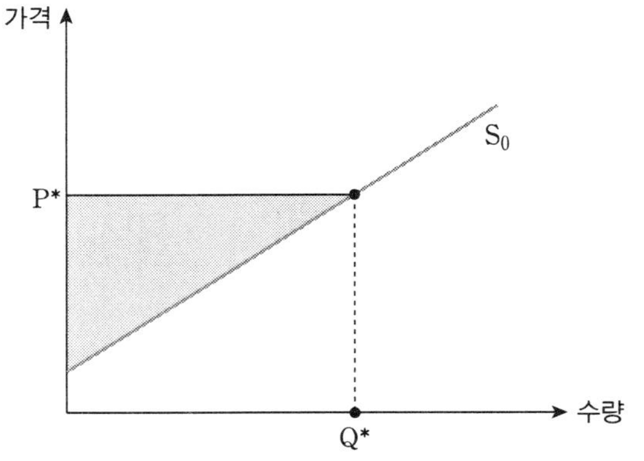

〈그림 1-8〉 생산자 잉여

III 시장균형

- 수요와 공급의 균형을 이루는 가격(P)
  - $Q_X^s = Q_X^d$ - 부족이나 잉여는 없다.
- 평형상태 유지

(1) 가격이 너무 낮을 경우

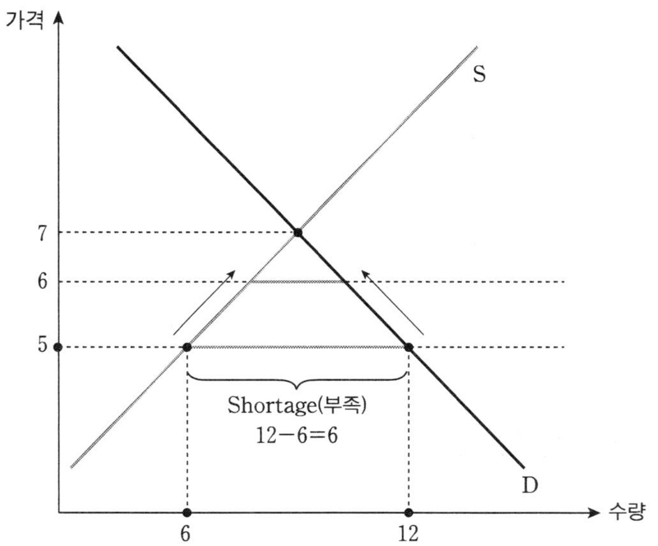

〈그림 1-9〉

(2) 가격이 너무 높을 경우

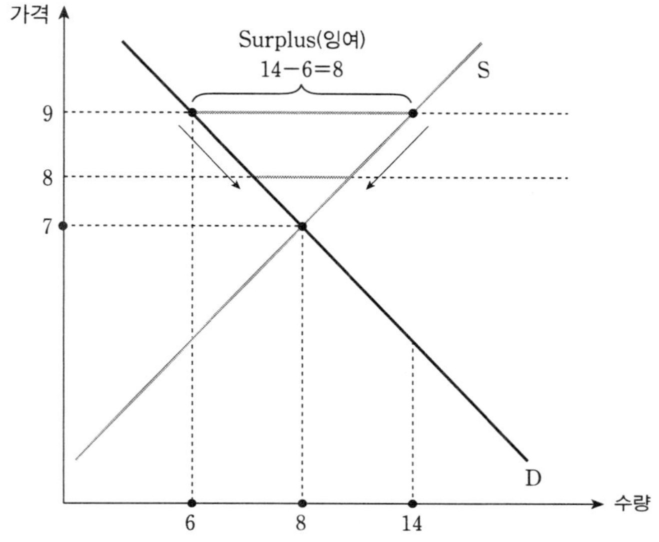

〈그림 1-10〉

(3) 가격규제

■ 가격상한제

- 부과될 수 있는 법적 최대 가격
  - 1970년대 휘발유 가격　　- 아파트 분양가 규제
  - ATM기 수수료 규제

■ 가격하한제

- 부과될 수 있는 법적 최저 가격
  - 최저임금　　- 쌀가격

IV 비교정태분석

■ 응용 : 수요와 공급의 분석

- 사건 : 경제신문은 PC부품의 가격이 다음 6개월에 걸쳐 5~8% 하락할 것이라고 보도

- 가정1 : 작은 PC 제조회사를 운영하는 경영자
- 가정2 : 작은 소프트웨어회사를 운영하는 경영자

■ 큰 그림(대략적 상황)을 보기 위해 비교정태분석을 사용한다.

- 비교정태분석은 공급 혹은 수요의 결정요인이 변할 때 어떻게 균형가격과 균형수량이 변하는지를 보여준다.

■ 시나리오 1 : 작은 PC 제조업자에게 미칠 영향

- 1단계 : "큰 그림"을 보라
- 2단계 : 실행계획을 짜라(세부적으로)

■ 큰 그림 : 부품가격의 하락이 PC시장에 미친 영향

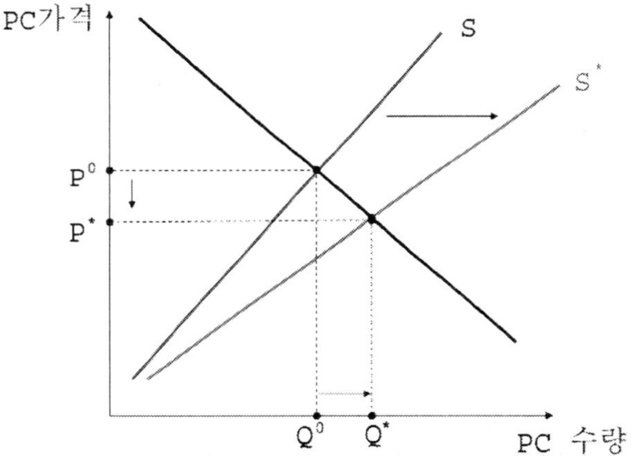

〈그림 1-11〉

■ 큰 그림 분석 : PC 시장

- PC의 균형가격이 하락하고, 판매된 컴퓨터의 균형수량은 증가할 것이다.
- 이것을 이용하여 실행계획을 짜라
  - 계약/공급자?
  - 재고관리?
  - 마케팅?

■ 시나리오 2 : 소프트웨어 제조업자

- "큰 그림"을 파악하는데 더 복잡한 추론단계

- 1단계 : 시나리오 1과 같이, 부품가격의 하락은 다음과 같은 상황을 초래
  - 컴퓨터 균형가격의 하락 - 컴퓨터 판매량의 증가
- 2단계 : 이러한 변화들이 소프트웨어 시장에서의 "큰 그림"에 어떻게 영향을 줄 것인가?

■ 큰 그림 : PC가격 하락이 소프트웨어 시장에 미친 영향

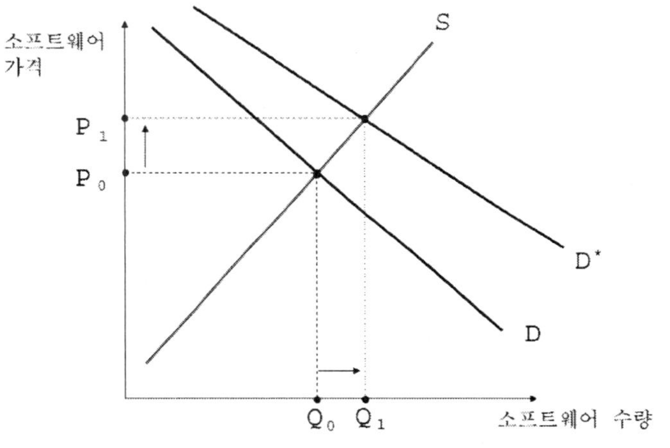

〈그림 1-12〉

■ 큰 그림 분석 : 소프트웨어 시장

- 소프트웨어의 가격은 상승할 것이고, 더 많은 소프트웨어가 판매될 것이다.
- 이것을 이용하여 실행계획을 짜라.

요약

- 공급과 수요분석을 이용하여;
  - "큰 그림"을 명확하게 한다.
    (현재의 사건이 균형가격과 균형수량에 미친 일반적인 영향)
  - 실행계획을 짜는데 도움 (생산, 재고, 원자재, 인적자원, 마케팅전략 등에서 요구되는 변화)

생활속 사례 보완재와 대체재의 사례

1. 「크리스마스 선물」의 저자는 미국의 단편작가 오 헨리(1862~1910, Henry, O.)이다.

2. 「크리스마스 선물」의 줄거리는?

> 제임스 딜링햄 부부는 매우 가난했지만 두 가지의 대단한 자랑거리가 있었다. 하나는 짐(남편)이 할아버지 대(代)에서부터 물려받아 온 금시계이고 다른 하나는 델라(아내)의 머리카락이었다. 가난한 이 부부는 서로에게 줄 크리스마스 선물을 마련할 돈이 없어 궁리 끝에 각자 자신의 아끼던 것을 판다.
>
> 남편 짐은 할아버지에게서 받은 금시계를 팔아 델라가 오래 전부터 갖고 싶어 하던 비녀 한 틀을 산다. 아내 델라도 금발을 잘라 가발상점에 팔고 그 돈으로 낡은 시곗줄 때문에 몰래 시계를 꺼내 보았던 남편을 위해 근사한 시곗줄을 산다. 그들은 서로에게 무언가 선물을 할 수 있다는 즐거움에 들떠 집으로 달려오고 저녁 식사를 준비한 아내는 남편을 기다린다.
>
> 막상 서로가 선물을 푸는 순간 분위기는 반전이 된다. 짐은 짧은 머리의 아내를 보고 멍해지다가 그녀가 준 시곗줄을 펴들고는 침대에 풀썩 주저앉는다. 델라도 자신이 준비한 시곗줄이 소용없음을 알고 울음을 삼킨다.

보완재란?

각자의 소중한 물건을 팔고 선물을 산 제임스 딜링햄 부부는 결국 서로에게서 받은 크리스마스 선물을 사용할 수 없게 되었다. 돈을 마련하기 위해 판 물건이 서로에게서 받은 선물을 사용하기 위해 반드시 필요한 것이었기 때문이다. 이처럼 용도가 서로 보완적이어서 따로 소비할 때보다 함께 소비할 때 더 큰 만족을 얻을 수 있는 재화를 '보완재(complementary goods)'라고 한다.

「크리스마스 선물」에서 찾을 수 있는 '보완재'에는 어떤 것들이 있을까?

위 글에서 짐은 아내의 긴 머리카락을 아름답게 올려 묶을 수 있는 비녀를 선물한다. 비녀는 짧은 머리카락에는 사용할 수 없고 긴 머리카락을 감아올릴 때 사용하므로 긴 머리카락은 비녀의 보완재라고 할 수 있다. 또한 델라가 짐에게 선물한 시곗줄은 회중시계가 있어야 사용할 수 있기 때문에 이 두 재화도 역시 서로 보완재라고 할 수 있다.

이들은 머리카락과 시계를 팔아 보완재인 비녀와 시곗줄을 선물하였지만 이 선물들은 결국 서로에게 필요 없는 물건이 되어버렸다. 물론 평소에 갖고 싶었던 값진 비녀와 시곗줄을 가지고 있는 것만으로도 어느 정도 효용을 느낄 수 있겠지만, 머리카락과 시계가 없으므로 그들이 얻는 효용은 크게 감소했다고 볼 수 있다.

3. 보완재와 대체재

만약 델라가 그녀의 남편이 시계를 팔았다는 사실을 알았더라면 그 시계에 어울리는 값진 시곗줄이 아닌 다른 물건을 선물로 샀을 것이다. 예를 들어, 조금 저렴한 시계와 시곗줄을 함께 살 수도 있다. 여기에서 저렴한 시계는 짐이 가지고 있던 회중시계의 대체재라고 볼 수 있다.

일반적으로 어느 한 재화(시계)의 가격이 오를 경우 그 재화의 수요가 감소하는 동시에 그 보완재(시곗줄)의 수요도 감소하게 된다. 반면 두 재화의 용도가 서로 유사하여 대체재의 관계에 있을 경우에는, 한 재화(비싼 시계)의 가격이 상승하면 그 재화의 수요는 감소하지만 그 대체재(저렴한 시계)의 수요는 오히려 증가하게 된다.

4. 보완재와 대체재에 관련된 사례들

실제로 우리 주변에서도 보완재나 대체재로 설명할 수 있는 경제현상들을 쉽게 찾을 수 있다. 그 예로 2006년 하반기부터 원유가격이 지속적으로 상승하자 자동차의 가격과 판매량이 감소한 것을 들 수 있다. 중고차 시장에서는 특히 대형차의 가격이 하락하고 판매량이 감소했는데 이는 자동차의 보완재인 휘발유의 가격이 상승하자 기름값이 많이 드는 대형차의 수요가 두드러지게 감소했기 때문이다.

또한 최근 육류에 비해 해산물의 소비가 늘고 해산물 전문음식점이 늘어나고 있는데, 이는 광우병과 조류독감 등으로 육류의 안정성 문제가 제기되면서 육류의 소비수요가 이의 대체재라고 할 수 있는 해산물로 옮겨가는 데에도 어느 정도 기인한다.

어떤 재화가 보완재인지 대체재인지의 여부가 불분명한 경우도 있는데 실제로 이것이 사회적 이슈로 떠오른 경우가 있었다. 다음은 2005년도에 있었던 맥주회사와 소주회사의 결합과 관련된 기사이다.

〈맥주와 소주 시장이 다른 이유〉

"맥주와 소주는 맛, 도수, 수요 형태 등 여러 면에서 차이가 있고 긴밀한 대체관계도 나타나지 않는 서로 다른 시장이다." 공정거래위원회(공정위)는 21일 브리핑을 통해 하이트맥주와 진로의 결합을 조건부 승인한 배경으로 맥주와 소주는 서로 다른 시장이어서 두 회사의 결합이 독과점 형성에 해당하지 않는다는 점을 제시했다.

결국 맥주와 소주가 동일한 시장이라면 지난 5월 말 현재 맥주시장을 57.5% 점유하고 있는 하이트와 소주시장의 55.6%를 차지하고 있는 진로의 결합은 독과점을 형성하기 때문에 승인되지 않았을 수도 있었다는 얘기다.

맥주와 소주시장을 같은 시장으로 볼 것이냐, 다른 시장으로 볼 것이냐의 문제는 하이트가 공정위에 기업결합 사전심사를 신청할 당시부터 '대체재'와 '보완재'논란으로 관심을 모았다.

쇠고기와 돼지고기처럼 한 재화의 가격이 오르면 다른 재화의 수요가 늘어나는 대체재라면 동일한 시장이고, 커피와 설탕처럼 한 재화의 수요가 늘면 다른 재화의 소비(수요)도 증가하는 보완재라면 다른 시장으로 구분된다는 것이다.

이에 따라 주류업계와 주당들 사이에서는 맥주가격이 오르면 소주 소비가 늘어나기 때문에 대체재라는 얘기와 '폭탄주'처럼 맥주와 소주를 섞어 먹는 소비자들도 있어 보완재라는 주장이 함께 제기돼 화제를 모았다.

공정위는 이에 대해 맥주와 소주는 맛, 도수, 수요 형태 등에서 차이가 있고 긴밀한 대체관계가 없기 때문에 서로 다른 별개 시장으로 봐야한다고 결론을 내렸다.

(중 략)

자료 : 연합뉴스 2005년 07월 21일

맥주와 소주가 서로 '보완재'이냐 '대체재'이냐에 따라 두 기업의 합병에 대한 주류시장 독과점 여부가 달라지기 때문에 재화간의 관계를 판별하는 것이 문제 해결의 주안점이 되었다.

이와 같이 시장에서 일어나는 일들은 서로 유기적으로 연관되어 있다. 관련이 없어 보이는 여러 현상들이 서로 어떤 영향을 주고받는지를 주의 깊게 살펴보며 나무에서 숲으로 시야를 밝혀보자.

기업사례 1-1 아사히맥주회사와 아시아의 경기침체

1990년대 말 경기침체로 몸살을 앓은 일본에서 수많은 기업들이 파산했다. 맥주제조산업과 같이 경기하강기에도 전통적으로 잘나간다는 기업마저도 상당한 타격을 받았다. 분석가들은 맥주시장의 침체를 다음의 두 가지 요인으로 돌린다: (1) 일본의 소득(GDP)이 경기침체 결과 상당히 감소하였고, (2) 일본정부가 세수입을 증대시키기 위해 맥주세를 부과하였다.

그 결과로 기린맥주회사와 삿포로맥주회사와 같은 일본 최고의 맥주회사들은 국내의 맥주매출이 급격히 감소하였다. 반면, 그들의 경쟁자인 아사히맥주회사는 두 자리수의 성장을 자랑했으며 시장점유율도 증가하였다. 아사히맥주회사는 판매증가의 원인으로서 우수한 판매망과 가장 잘 팔리는 맥주인 아사히 슈퍼드라이에 대한 강력한 광고캠패인을 들고 있다.

아사히 맥주회사의 성장과 성공이 부분적으로 그 회사의 우수한 판매망과 광고활동때문이기도

하지만–이들 두 요인은 소비자의 아사히맥주 인지도를 크게 증가시켰다 – 이것이 아사히맥주 회사가 최근의 아시아 경기침체기에도 불구하고 특히 영업을 잘한 이유를 완전하게 설명하지는 못한다.

또 다른 한 가지 가능성은 아사히맥주가 열등재라는 것이다. **이것은 아사히맥주가 "나쁜 냄새가 난다(skunky)"거나 질이 떨어진다는 것을 의미하지는 않는다**; 실제로 이 회사의 슈퍼드라이맥주는 맥주를 마시는 많은 일본사람들이 좋아하는 맥주이다.

열등재라는 용어는 단순히 경기침체로 인해 일본의 소득이 하락할 때 아사히맥주의 수요가 증가한다는 것을 의미한다.

출처: Annual Reports for Asahi Breweries Ltd., Sapporo Breweries Ltd., and Kirin Brewery Company, Ltd.

기업사례 1-2 2002년 무역법인 NAFTA와 공급곡선

과거 20년에 걸쳐 양당(미국의 공화당과 민주당)의 두 대통령이 국내외에서 재화의 생산비용을 축소시키기 위한 규정을 포함하는 무역협정 및 법안에 서명하였다. 이러한 생산비용축소는 미국 소비자에게 재화(및 서비스)의 **공급증가**로 나타난다.

미국, 캐나다, 그리고 멕시코간의 북미자유무역협정(The North American Free Trade Agreement)은 클린턴 대통령에 의해 법제화되었으며(signed into law), 그 협정에는 (직물과 의류와 같은) 공산품(industrial goods)과 농산품에 대한 관세와 기타 장벽을 한 번에 폐지하거나 또는 단계적으로 폐지하는 규정이 포함되었다. 또한 그 협정에는 멕시코의 석유화학제품과 금융서비스 분야에 대한 투자장벽을 축소하기 위한 규정도 포함되었다.

2002년 무역법은 부시대통령 시절에 발효되었으며(enacted) 그로 인해 대통령은 (의회의 승인을 받는 조건으로) 추가적으로 국제협정에 대해 협상할 수 있게 되었다. 오바마 대통령이 클린턴과 부시 대통령이 정한 노선(course)을 계속 이어갈 것인가는 시간이 지나야만 알 것이다.

출처: Economic Report of the President, Washington, D.C.: U.S. Government Printing Office, February 2007, p. 60; February 2006, p. 153; February, 1995, pp. 220-21.

기업사례 1-3 세계의 가격상한제와 가격하한제 사례들

기업들이 법적으로 고객들에게 부과할 수 있는 가격을 제한하는 법을 제정하도록 각국의 정부는 종종 요구받고 있다. 미국의 많은 주에는 은행과 기타 대부업자들이 법적으로 고객들에게 부과할 수 있는 이자율을 제한하는 고리금지법(usury laws)–이자율에 대한 **가격상한제**–이 있다. 이탈리아에도 고리금지법이 있는데, 그 법을 어기는 대부업자에 대한 벌칙에는 최대 3천만 리라의 벌금과 6년 감옥형이 포함되어 있다. 태국의 경우 1990년대에 휘발유가격이 시장요인(수요와 공급)에 의해 결정되었으나, 2000년대에는 급격히 상승하는 휘발유가격을 억제할 목적으로 상공부장관에 의해 가격상한제가 실시되었다.

미국의 20 개주 이상이 최저임금법안 – 즉, 기업들이 직원들에게 법적으로 지급할 수 있는 시간당 임금에 대한 **가격하한제**–을 제정하였다. 이러한 규제는 연방정부의 최저임금제에 추가된 사항이며 그 규제의 효과는 노동의 "잉여"라는 실업으로 나타나게 된다. 십 여개 이상의 캐나다 주에서도 최저임금법안을 제정하였다. 뿐만 아니라, 온타리오, 브리티시 콜롬비아, 퀘백 주들도 알코올 소비를 위축시키고 저렴한 미국브랜드로부터 캐나다 맥주업자들을 보호할 목적으로 가격을 인위적으로 높게 유지시키기 위해 맥주에 대한 (최저 소매가격이라고 하는) 가격하한제를 실시하였다.

출처: "Oil Sales: Ceiling Set on Retail Margin, "The Nation, June 15, 2002; "An Oil Shock of Our Own Making," The Nation, May 20, 2004; "Italian Usury Laws: Mercy Strain'd" The Economist, November 23, 2000; "Democrats Look to Keep Minimum Wage on Table," The Wall Street Journal, June 20, 2006; "Beer Price War Punishes Mom-and Pop Shops," The Gazette, November 4, 2005.

기업사례 1-4 세계화(globalization)와 청량음료(soft drinks)의 공급

오늘날과 같은 글로벌 경제에서는 시장의 기업 수가 당연히 외국기업들의 진출입에 달려 있다. 예를 들어, Rasna 회사–인도에서 농축된 청량음료시장의 선두주자로서 매년 거의 3십억잔의 음료수를 판매하는 회사임–는 최근 수출량을 30% 증가시킬 계획을 발표하였다. 그 회사는 현재 거의 40 개국에 제품을 수출하고 있으며, 미국과 영국 시장에도 진입하려고 시도하고 있다.

Rasna가 미국 및 영국시장에 진입하면 이들 시장의 **공급곡선은 오른쪽으로 이동**하게 된다. 다른 조건이 일정하다면, 이것은 현재 이들 시장에서 판매하는 기존 기업들의 순이익에 부정적인(negative) 영향을 미칠 것이다. 공급이 증가되어 청량음료의 균형가격과 기존 청량음료 제조업자들의 이익은 감소하게 될 것이다.

출처: "Rasna Plans Exports to US, UK, and Africa," Financial Express, India, May 26, 2004.

2 탄력성을 활용한 수요분석

Ⅰ. 수요의 자체가격 탄력성

Ⅱ. 수요의 교차가격 탄력성

Ⅲ. 소득 탄력성

Ⅳ. 탄력성의 활용

1장에서 기업 생산물의 수요(Qx)는 그 생산물의 가격(Px), 대체재나 보완재의 가격(P_Y), 소비자소득(M), 그리고 광고, 인구규모, 또는 소비자기대와 같은 다른 변수들(H)에 달려있다는 것을 보았다:

$$Q_X^d = f(P_X, P_Y, M, H)$$

그러나 가격 및 소득의 변화가 소비자수요에 미치는 영향에 대한 1장에서의 분석은 계량적이기보다는 정성적이었다; 즉, 변화의 방향만을 확인하는 "큰 그림(big picture)"에 대해서만 집중하였고, 그 크기에 대해서는 거의 알지 못했다.

그와 같은 큰 그림을 보는 것이 합리적인 경영의사결정에 있어서 중요한 첫 단계가 되지만, 성공적인 경영자는 다음과 같은 질문들에 대해서도 구체적이면서 정량적으로 대답을 해주어야 한다:

- 3.2%의 매출증가를 달성하기 위해 가격을 얼마나 낮추어야 하는가?
- 가격을 6.5% 인하하면 얼마만큼 더 판매할 수 있는가? 이와 같은 매출증가를 수용할 수 있을만큼 충분한 재고를 보유하고 있는가? 그렇지 않다면 생산을 증가시킬 수 있을 만큼 충분한 인적자원을 보유하고 있는가? 가격인하로 인하여 매출액과 현금흐름은 얼마나 변하는가?
- 만약 경쟁자가 가격을 2% 인하하거나 또는 경기침체로 가계소득이 2.5% 하락한다면, 매출이 얼마나 변할 것인가?

이 장에서는 경영자가 이러한 질문과 (가격책정, 재고관리, 수익률이나 매출액관리, 생산량결정, 전략적 또는 경쟁자 분석, 그리고 인적자원관리를 포함한 기타 기업경영을 책임지고 있는) 경영자들이 매일 요구받고 있는 수 백가지의 질문에 답하기 위해서 정량적 예측도구로서 수요의 탄력성을 어떻게 활용할 수 있는가를 보여준다.

I 수요의 자체가격 탄력성

1. 정의

탄력도 = 수요의 %변화 / 가격의 %변화

- "수요의 법칙"에 의해 음수가 됨

  탄력적 : |탄력도| > 1

  비탄력적 : |탄력도| < 1

  단일적 : |탄력도| = 1

완전탄력적 수요와 완전비탄력적 수요

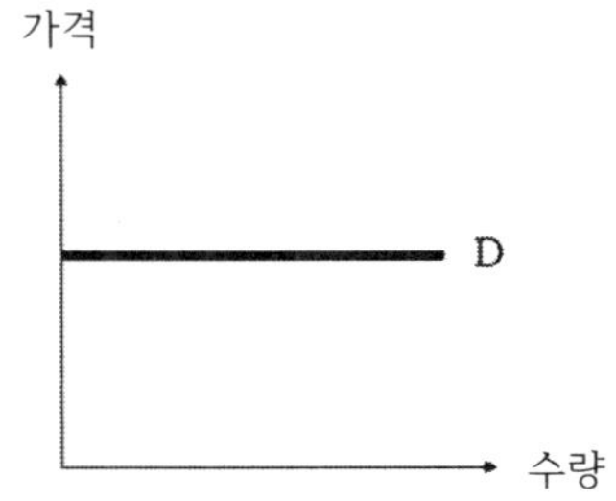

〈그림 2-1〉 완전 탄력적 수요

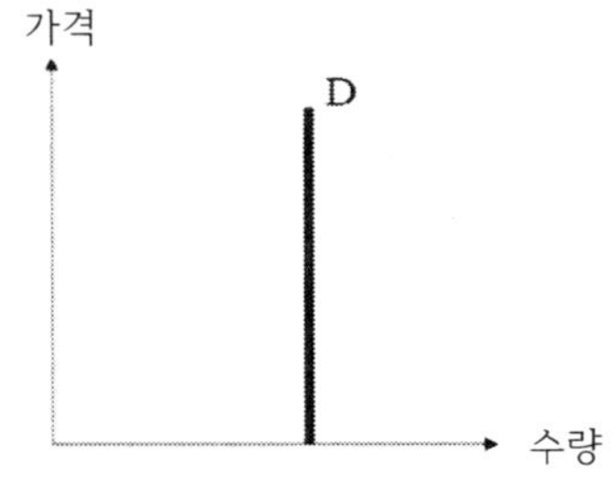

〈그림 2-2〉 완전 비탄력적 수요

2. 수요의 자체가격탄력성과 총수입

■ 탄력적

- 가격의 증가(감소)는 총수입의 감소(증가)를 가져온다.

■ 비탄력적

- 가격의 증가(감소)는 총수입의 증가(감소)를 가져온다.

■ 단위 탄력적

- 총수입은 수요가 단위탄력적인 점에서 최대화된다.

3. 자체가격탄력성에 영향을 주는 요인

- 가용대체제
  - 그 재화의 가용대체재가 많을수록 수요는 더 탄력적이 된다.
- 시간
  - 수요는 장기적인 경우보다 단기적인 경우에 더 비탄력적으로 되는 경향이 있다.
  - 시간이 있다면 소비자들은 가용대체재를 찾을 것이다.
- 지출비중
  - 소비자의 예산(수입)에서 작은 비중을 차지하는 상품은 큰 비중을 차지하는 상품보다 더 비탄력적이 되기 쉽다.

II 수요의 교차가격 탄력성

1. 정의

탄력도 = 어떤 재화의 %수요변화 / 다른 재화의 %가격변화

- 만약, 탄력도 > 0이면, X와 Y는 대체재 관계
- 만약, 탄력도 < 0이면, X와 Y는 보완재 관계

2. 두 제품상황에서 수입의 변화 예측

어떤 회사가 2개의 관련 재화(X재화, Y재화)를 판매한다고 가정해보자. 총수입을 $R = R_X + R_Y$로 표현하며, 여기에서 $R_X = P_X Q_X$는 X상품 매출수입, $R_Y = P_Y Q_Y$는 Y상품매출수입을 나타낸다. 상품 X가격의 변화가 기업의 총수입에 주는 영향은 다음의 공식과 같다;

$$\triangle R = [R_X(1 + E_{QX,PX}) + R_Y E_{QY,PX}] \times \% \triangle P_X$$

* 총수입의 변화 =
  [X재 매출수입(1+X재 자체가격탄력도) + Y재 매출수입 × Y재 수요의 교차탄력도] × X재 가격의 %변화

이 공식을 사용하는 방법에 대해 예를 들어 보자.

어느 식당이 매주 햄버거(상품 X)판매에서 4,000달러, 그리고 음료수(상품 Y)판매에서 2,000달러의 수입을 올린다고 가정하자. 따라서 $R_X = \$4,000$ 이며 $R_Y = \$2,000$ 이다. 햄버거수요의 자체가격탄력성이 $E_{QX,PX} = -1.5$ 이고, 음료수와 햄버거수요의 교차가격탄력성이 $E_{QY,PX} = -4.0$ 이다.
햄버거가격을 1% 내릴 때 기업의 총수입은 어떻게 되겠는가?
위의 공식에 다음과 같이 숫자를 넣으면,

$$\begin{aligned} \triangle R &= [\$4,000(1-1.5) + \$2,000(-4.0)](-10\%) \\ &= \$20 + \$80 \\ &= \$100 \end{aligned}$$

다시 말하면, 햄버거가격을 1% 내리면 총수입이 100달러 증가한다. 이중 20달러는 햄버거수입의 증가에서 비롯된 것이며(햄버거수요는 탄력적이므로 햄버거가격의 하락은 햄버거수입을 증가시킨다), 80달러는 추가적인 음료수판매에서 비롯된 것이다(햄버거 가격의 인하로 인하여 음료수의 수요가 4% 증가한 결과, 음료수판매로부터 추가적으로 80달러의 수입초래).

III 소득 탄력성

1. 정의

탄력도 = 수요의 %변화 / 소득의 %변화

만약, 탄력도 >0이면, X는 정상재이다.
만약, 탄력도 <0이면, X는 열등재이다.

다음의 〈표 2-1〉은 두 가지 상품의 소득탄력성을 나타낸다.

〈표 2-1〉 소득탄력성 사례

	소득탄력도
교통수단	1.80
식 량	0.80

출처: M. R. Baye, and J. W. Lee, "Advertising Effects in Complete Demand Systems", Applied Economics 24(1992), pp. 1087-96;

〈표 2-1〉의 첫째 열에 있는 교통수단의 소득탄력성 1.80을 고려해 보자. 이 숫자는 소득과 교통수단수요사이의 관계에 대한 두 가지 중요한 정보를 제공한다. 첫째, 소득탄력성이 (+)이기 때문에 소득이 증가하면 소비자는 교통수단에 사용하는 소득비중을 증가시킨다. 따라서 교통수단은 정상재이다.

둘째, 교통수단의 소득탄력성이 1보다 크므로 교통수단에 대한 지출액이 소득보다 더 빨리 증가한다.

〈표 2-1〉의 둘째 열은 식량의 소득탄력성이 0.80이기 때문에 식량도 정상재라는 것을 보여 준다. 소득탄력성이 1보다 작으므로 소득이 증가하면 소득의 증가비율보다 더 낮은 비율만큼 식량에 대한 지출액이 증가할 것이다. 소득이 감소하면 식량에 대한 지출액은 소득보다 덜 빠르게 감소한다.

IV 탄력성의 활용

- 가격 책정
- 현금흐름 관리
- 경쟁사 가격변화의 영향
- 경기호황과 불경기의 영향
- 광고캠페인의 영향

사례1 가격책정과 현금흐름

- 어느 통신회사의 장거리 서비스에 대한 수요의 자체가격탄력성이 −8.64
- 통신회사는 마케팅 목적을 달성하기 위해 총수입을 증가시킬 필요가 있다.
- 이 목표를 달성하기 위해, 통신회사는 가격을 올려야 할까, 낮춰야 할까?

답: 가격을 낮춰라!

- 수요는 탄력적이므로, 가격을 인하시키면 가격의 인하폭보다 더 큰 비율로 수요량을 증가시킬 것이므로, 결과적으로 통신회사에 더 많은 수입을 가져오게 한다.

사례2 변화의 계량화

- 만약 통신회사가 가격을 3%만큼 낮춘다면, 통신회사를 통해 이루어지는 장거리 통화량은 어떻게 될까?

답 : 통화량 증가!
통화량은 약 25.92% 만큼 증가

- 계산식: 탄력도 = −8.64
  = 통화량의 %변화 / 가격의 %변화

−8.64 = 통화량의 %변화 / −3%
−3% × (−8.64) = 통화량의 %변화
통화량의 %변화 = 25.92%

사례3 **경쟁자의 가격변화 영향**

- 어느 통신회사의 장거리 서비스에 대한 수요의 교차가격 탄력성은 9.06.
- 만약 경쟁사가 가격을 4% 인하한다면, 이 통신회사의 장거리 서비스에 대한 수요는 어떻게 될까?

답 : 이 통신회사의 수요는 감소!
36.24% 수요의 감소

- 계산식: 탄력도 = 9.06
  = 통신회사의 %수요변화 / 경쟁사 가격의 %변화

9.06 = 통신회사의 %수요변화 / −4%

−4%×9.06 = −36.24%

요약

- 탄력성은 가격, 소득, 광고의 변화가 판매량과 매출액에 미치는 영향을 계량화하는데 사용할 수 있는 도구
- 경영자들은 가격, 소득, 광고 등의 변화가 미치는 영향을 계량화할 수 있다.

생활속 사례 가격탄력성과 교차탄력성

일반적으로 어떤 재화에 대한 수요는 그 재화의 가격에 민감하게 반응한다. 경제학에서는 어떤 재화의 가격이 변화할 때 그 재화의 수요 또는 공급이 얼마나 변화하는지를 나타내는 개념으로 수요(공급)탄력성을 사용하며 아래의 식으로 표현한다.

수요(공급)의 **가격탄력성** = 수요(공급) 변화율(%) / 가격 변화율(%)

그러나 어떤 재화의 가격이 변할 때 그 재화에 대한 수요뿐만이 아니라 다른 재화에 대한 수요도 이의 영향을 받게 된다. 여기서 어떤 상품의 가격이 올랐을 때 다른 상품의 수요가 줄어드는지 늘어나는지를 나타내는 것을 수요의 교차탄력성(cross elasticity)이라고 한다. A재화의 가격변화에 대한 B재화 수요의 교차탄력성은 다음과 같이 나타낼 수 있다.

교차탄력성 = 재화B의 수요량변화율(%) / 재화A의 가격변화율(%)

재화는 교차탄력성이 음(−)인지 양(+)인지에 따라 보완재와 대체재로 나뉜다. 1장에서 '시계'와 '시곗줄'처럼 어떤 재화의 가격이 올랐을 때(내렸을 때) 그 재화와 보완적으로 사용해야 하는 특정한 다른 상품의 수요가 줄어들어(늘어나) 교차탄력성이 음(−)의 부호를 갖는 경우 이 재화를 보완재라고 한다. 커피와 설탕, 카메라와 필름, 테니스 라켓과 테니스 공 등이 이에 해당한다. 보완재 중에서도 오른쪽 구두와 왼쪽 구두, 혹은 1장에서의 시곗줄과 시계처럼 한 재화를 사용할 때 다른 특정 재화가 반드시 필요한 경우를 일컬어 '완전보완재'라 하며 이때의 교차탄력성은 −∞이 된다.

이와 반대로 녹차와 홍차, 버터와 마가린 등처럼 두 재화의 용도가 비슷하여 한 재화의 가격이 상승할 때 상대적으로 저렴한 그와 비슷한 다른 재화의 대체 수요가 증가하게 될 경우 교차탄력성은 양(+)의 값을 갖게 되는데 이를 대체재(substitute goods)라고 한다. 만약 홍차의 가격이 상승할 때 이를 대신하여 녹차를 마심으로써 똑같은 효용을 얻을 수 있다면 이를 완전대체재라고 하며 이 경우 +∞의 교차탄력성을 갖는다. 이렇게 서로 관련이 있는 재화들이 있는 반면 배추와 낚싯대, 운동화와 칠판처럼 전혀 상관이 없어 교차탄력성이 0인 경우도 있다. 이를 독립재(independent goods)라고 한다.

생활속 사례 상도(商道)와 가격탄력성

1. 상도

상도는 작가 최인호가 '상업적 철학과 도덕'을 주제로 써내려간 대하소설로 총 5권으로 구성되어 있다. 작가는 조선후기 최대 무역상이었던 실존인물 임상옥의 생애를 다루면서 부(wealth)에 대한 관념과 부의 사회적 환원에 대해서 이야기한다.

2. 임상옥은 무엇을 믿고 인삼을 불에 태웠을까?

소설에서 주인공 임상옥은 중국 연경으로 5000근의 인삼을 팔러간다. 당시 인삼은 근당 15냥 내외로 거래되었으나 임상옥은 45냥을 요구했다. 하지만 연경상인들이 방해공작을 펼쳐 그 가격에 인삼을 팔지 못하자 임상옥은 느닷없이 마당에 불을 피워 인삼을 태운다. 조선에서 어렵게 중국 연경까지 가지고 온 인삼을 조금이라도 더 팔아보려고 노력해도 부족한 것 아닐까? 임상옥은 무엇을 믿고 이렇게 할 수 있었을까?

(가격탄력성)

소설에서 나오듯이 임상옥이 인삼을 과감하게 불에 태울 수 있었던 데는 가격탄력성이라는 개념이 숨어 있다. 가격탄력성이 무엇이길래 임상옥은 이를 꿰뚫어 보고 인삼을 연경상인들에게 비싼 값으로 팔 수 있었을까?

가격 탄력성이란 어떤 재화의 가격이 변화할 때 그 재화의 수요나 공급이 얼마나 변화하는지를 나타내는 수치이다. 식으로는 다음과 같이 표현된다.

수요, 공급의 가격탄력성 = 수요, 공급의 변화율(%) / 가격의 변화율(%)

예를 들어 가격이 10% 올랐을 때 수요가 15% 줄어들었다면, 수요의 가격 탄력성은 15% / 10% =1.5가 된다. 마찬가지로 가격이 10% 올랐을 때 공급은 5% 늘어났다면, 공급의 가격 탄력성은 5% / 10% = 0.5가 되는 것이다.

(단위탄력적, 탄력적, 비탄력적)

그런데 경제학에서는 가격탄력성을 값에 따라 '단위탄력적' · '탄력적' · '비탄력적' 으로 구분한다. 가격탄력성이 1이면(가격이 변한만큼 수요나 공급이 똑같이 변하면) '단위탄력적' 이라고 말하고, 가격탄력성이 1보다 크면(가격이 변한 것보다 수요나 공급이 더 많이 변하면) '탄력적'이라고 하며, 가격탄력성이 1보다 작으면(가격이 변한 것 보다 수요나 공급이 덜 변하면) '비탄력적' 이라고 정의한다.

(가격 탄력성과 판매수입)

여기서 어떤 재화에 대한 수요의 가격탄력성이 '비탄력적'이라면 어떨까? 구체적으로 0.5라고 가정하자. 그러면 가격은 10% 올랐는데 수요는 5% 밖에 줄어들지 않게 된다. 이럴 경우 판매자가 가격을 올려서 물건을 팔게 되면 가격을 안올릴 때 보다 판매수입이 더 많아진다.

반대로 수요의 가격탄력성이 '탄력적'이라면 어떨까? 만약 이 재화에 대한 수요의 가격탄력성이 2.0이고, 가격이 10% 올라간다면 수요는 20%가 줄어들게 된다. 이 때 판매자가 가격을 올려 받으면 판매 수입은 줄어들게 된다.

임상옥은 바로 이점을 간파했다. 당시에는 "조선의 인삼이 가미되지 않은 중국약은 약도 아니다"라는 것이 그곳의 정설이었고 따라서 '인삼이 없다면 모든 백약이 무효하게 될 것이며 모든 약재상들과 중국약점들은 문을 닫고 폐업할 수밖에 없었던' 상황이었다. 연경상인들로서는 아무리 인삼가격이 높다고 해도 어쩔 수 없이 사야만 하는, 즉 인삼에 대한 수요의 가격탄력성이 매우 '비탄력적'이었다. 게다가 임상옥 혼자만이 인삼을 시장에 공급할 수 있었기에 그 영향력은 더 막강할 수 있었다.

3. 주변의 가격탄력성 관련사례

실제로 주변에서 우리는 가격탄력성과 관련된 여러 현상들을 찾아볼 수 있다. 일례로 가끔 배추농사가 너무 잘 됐는데도 불구하고 농민들이 배추를 팔지 않고 밭을 갈아엎는 장면을 뉴스에서 볼 수 있다. 이는 여러 면에서 이유를 파악할 수 있겠지만 경제학에서는 소비자들의 배추에 대한 수요의 가격탄력성이 낮아 상도에서 임상옥이 한 것처럼 배추의 공급을 조금 줄여 판매수입을 조금이라도 늘려보려는 노력으로 설명한다.

일반적으로 공산품들은 수요의 가격탄력성이 높은 편이고, 농산물들은 수요의 가격탄력성이 낮은 편이다. 이유는 여러분이 한번 곰곰이 생각해 보고 앞으로 주변의 상품이나 서비스들을 보면서 그냥 지나치지 말고 이 상품은 어떤 가격탄력성을 가지고 있을지 생각해 보는 것도 유익할 것이다.

〈참고〉

임상옥이 인삼을 불태우기 전후의 상황을 수요곡선과 공급곡선을 이용하여 좀 더 자세히 설명해 보겠다. 아래 그림에서 맨 먼저 인삼을 태우기 전의 시장가격(그림의 E점)인 근당 15냥에 5,000근을 팔면 75,000냥을 받을 수 있다. 그런데 임상옥은 근당 45냥에 팔겠다고 했고 만약 이렇게 거래가 되었다면 45냥 X 5,000=225,000냥을 받을 수 있었다. 하지만 연경상인들은 반대를 했고 이에 임상옥은 자신이 가지고 있던 인삼 5,000근 중 2,500근을 태웠다. 팔 수 있는 인삼의 양은 절반으로 뚝 떨어졌지만, 연경상인의 인삼에 대한 수요의 가격 탄력성이 매우 낮았기 때문에 결국 시장가격(그림의 E' 점)은 태우기 전 근당 15냥의 6배에 달하는 근당 90냥이 된다. 결과적으로 임상옥은 90냥 X 2,500근=225,000냥, 즉 자신이 처음에 원했던 그 매상을 올릴 수 있었던 것이다. 그림에서 A+B는 태우기 전 시장가격으로 거래했을 때 얻을 수 있는 판매수입이며 A+C는 태우고 나서 그가 얻을 수 있었던 판매수입이다. A+C가 훨씬 더 크다.

〈그림 2-3〉 상도속 인삼시장의 수요공급 곡선과 시장의 균형

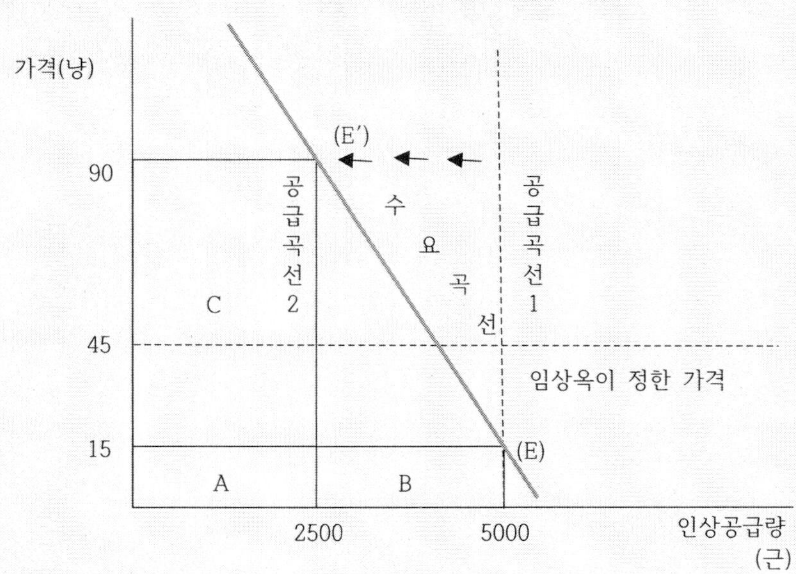

기업사례 2-1 휘발유가격 상승 후 새로운 차의 판매를 증가시키기 위해 교차탄력성을 활용

1970년대와 1980년대 기간동안 휘발유가격의 상승으로 인하여 자동차처럼 휘발유와 **보완재**가 되는 상품들의 수요가 감소하였다. 그 이유는 휘발유 가격이 상승하여 소비자들이 대중교통수단, 자전거 그리고 도보 등으로 대체하였기 때문이다. Patrick McCarthy의 최근 연구는 연료비용이 자동차수요에 미치는 영향에 대한 수치화된 정보를 제공한다. 자동차수요의 보다 더 중요한 결정요인중의 하나는 1마일당 연료비이다. 그 연구에 의하면 연료비용의 10%증가에 대해 자동차수요는 2.14%만큼 감소한다.

휘발유가격의 상승이 새로운 자동차수요에 미치는 부정적 영향을 완화하기 위해 이 기간중 자동차회사들은 무엇을 했는가? 그들은 연료효율이 보다 더 높은 자동차를 만들었다. 방금 설명한 결과는 (갤론당 운전가능마일의 증가로 측정되는) 연료효율성 10%증가에 대해 자동차수요가 2.14%만큼 증가한다는 것을 의미한다. 휘발유가격의 상승비율만큼 새로운 자동차의 연료효율성을 증가시킴으로써 자동차회사들은 휘발유가격의 상승에 따른 부정적 영향을 완전히 상쇄시킬 수 있었다. 실제로 휘발유가격의 상승보다 더 높은 비율로 연료효율성을 증가시켜 자동차회사들은 실제로 자동차의 새로운 수요를 증가시킨 것이다.

출처: Patrick McCarthy, “Consumer Demand for Vehicle Safety: An Empirical Study.?” Economic Inquiry 28(July 1990), pp. 530-543.

3 소비자(개인) 행동이론

Ⅰ. 소비자 행동
- 무차별곡선
- 소비자 선호순위 결정

Ⅱ. 예산제약
- 예산제약
- 소득의 변화
- 가격의 변화

Ⅲ. 소비자균형

Ⅳ. 개인수요곡선과 시장수요곡선
- 개인의 수요곡선
- 시장의 수요곡선

이 장에서는 소비자와 근로자 같은 개인의 행동, 그리고 여러 가지 인센티브가 그들의 의사결정에 미치는 영향에 대해 경영자가 이해하도록 도와주는 도구를 설명한다. 이것은 여러분들이 생각하는 것만큼 쉬운 일은 아니다. 인간은 의사결정을 하는데 복잡한 사고과정을 사용하며, 인간의 두뇌는 방대한 양의 정보를 처리할 능력이 있다. 바로 이 순간에도 여러분의 심장은 몸전체로 피를 보내고 있으며, 허파는 산소를 공급하고 이산화탄소를 내보내며, 눈이 현재의 책페이지를 살펴보는 동안 뇌는 그 책페이지의 정보를 처리한다. 인간두뇌는 심지어 슈퍼컴퓨터와 최신 인공정보기술이 할 수 없는 것을 할 수 있다.

인간사고과정의 복잡성에도 불구하고 경영자는 개인들이 시장과 직장에서 어떻게 행동하는가를 설명하는 모형을 필요로 한다. 물론, 개인들의 행동을 모형화하려는 시도가 실제 전체세계의 행동을 포착할 수는 없다. 개인들의 행동이 그렇게 복잡하지 않다면 기업경영자의 인생은 더 단순할 것이다, 반면, 기업경영자가 되는 것에 대한 보상은 훨씬 더 낮을 것이다. 여러분들이 개인행동에 대한 이해를 성취한다면, 여러분들이 영업세계에서 성공하도록 도와줄 시장성 있는 기술을 얻게 될 것이다.

여기서의 행동모형은 개인들이 실제로 의사결정을 하는 방식을 추상화한 것이 될 것이다. 그러나 이해를 높이는 데 거의 도움이 되지 않는 행동적 특징을 강조하는 대신 본질적인 문제에 중점을 두는 단순모형부터 설명하겠다. 소비자행동에 관한 경제적 모형을 연구할 때 이런 생각을 명심하라.

I 소비자 행동

■ 소비자기회

- 소비자가 소비할 수 있는 가능한 상품과 서비스

■ 소비자선호

- 소비자가 실제로 소비하는 상품과 서비스

■ 소비자가 두 묶음의 제품중에서 선택하는 경우

- 묶음 A를 묶음 B보다 선호한다 A>B
- 묶음 B를 묶음 A보다 선호한다 B>A
- 둘 사이에 무차별 A~B

1. 무차별곡선 분석

■ 무차별곡선

소비자에게 동일한 만족을 주는 두 제품의 조합을 나타내는 곡선

■ 한계대체율

동일한 수준의 만족을 유지한 상태에서 소비자가 어느 한 제품을 다른 제품으로 대체하고자 하는 비율

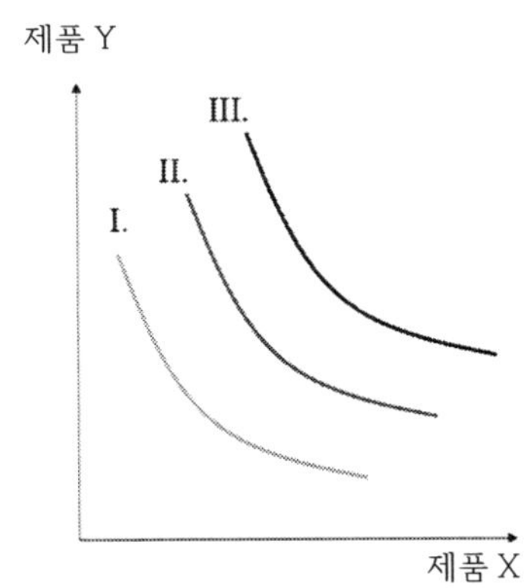

〈그림 3-1〉

(1) 소비자 선호 속성

1) 완전성
2) 강단조성(많을수록 더 좋다)
3) 한계대체율의 체감
4) 이전성

1) 완전성(완전한 선호)

▩ 소비자는 여러 종류의 제품에 대해 선호도를 나타낼 수 있다.

▩ A, B, C가 소비자가 선택할 수 있는 제품묶음이라면, 소비자는

- A, C는 서로 무차별(둘 다 동일한 무차별 곡선상에 있다.)
- B를 A보다 선호한다.
- B를 C보다 선호한다.

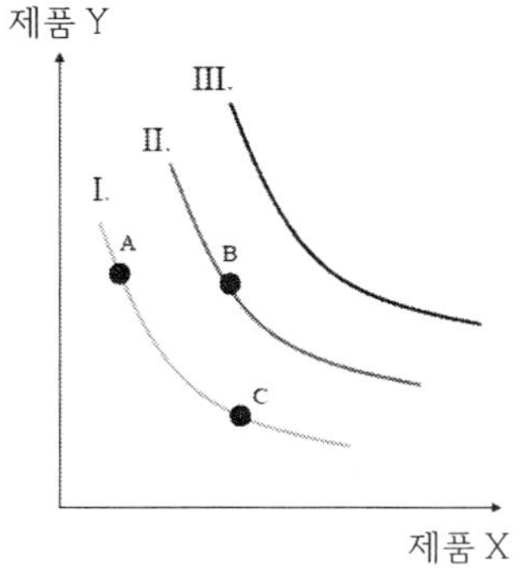

〈그림 3-2〉

2) 강단조성(많을수록 더 좋다)

▩ 양이 많을수록 좋다

- 모든 상품, 또는 어떤 특정의 상품이 더 많을 경우의 묶음이 다른 묶음보다 더 선호된다. (양이 많을수록 좋다.)
  * A와 비교했을 때, B는 제품 Y의 양은 같고, 제품 X가 더 많기 때문에 묶음 B가 A보다 더 선호된다.
  * 묶음 B는 C보다 더 선호된다. 제품 X의 양은 같고, 제품 Y의 양이 더 많기 때문이다.

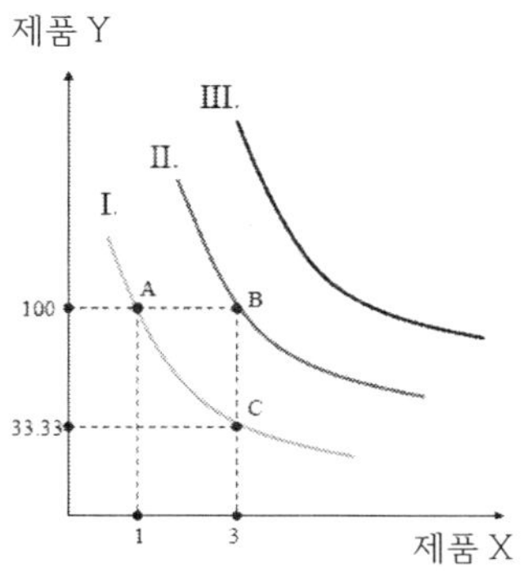

〈그림 3-3〉

3) 한계대체율의 체감(diminishing MRS)

- 제품 X를 더 얻음에 따라 동일한 만족수준을 유지하기 위해서 소비자가 포기할 의사가 있는 제품 Y의 양은 감소한다.
- 이 비율은 소비자가 한 제품을 다른 제품으로 대체하면서 같은 만족 수준을 유지하려는 비율이다.

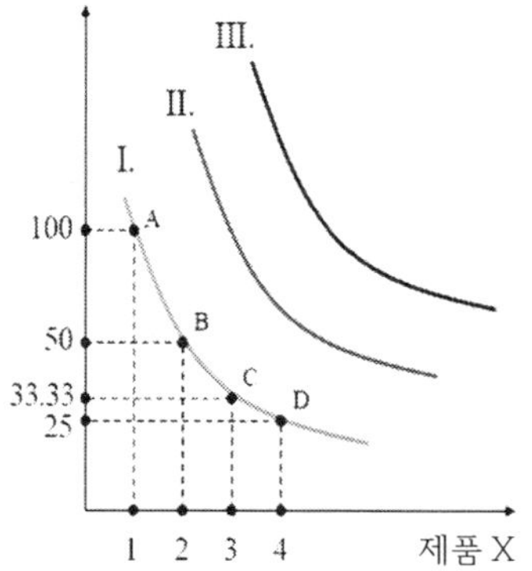

〈그림 3-4〉

■ A에서 B로 갈 때,

X를 추가로 한 단위를 얻기 위해서는 Y를 50만큼 줄여야 한다.

■ B에서 C로 갈 때,

X를 추가로 한 단위를 얻기 위해서는 Y를 16.67만큼 줄여야 한다.

■ C에서 D로 갈 때,

X를 추가로 한 단위를 얻기 위해서는 Y를 8.33만큼 줄여야 한다.

4) 이전성(일관성 있는 묶음 선호결정)

■ A, B, C 세 묶음 중에서 이전성이 의미하는 것은 C가 B보다 선호되고 B가 A보다 선호될 때, C는 A보다 선호된다는 것이다.

■ 이전적 선호는 많을수록 더 좋다와 함께 다음의 것들을 의미

- 무차별 곡선들은 교차되지 않는다.
- 소비자들은 의사결정을 하지 못하는 교착상태에 사로잡히지 않는다.

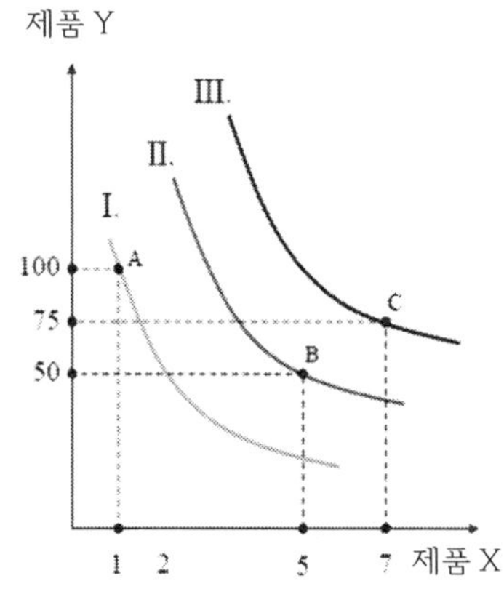

〈그림 3-5〉

II 예산제약

■ 예산집합(기회집합)

- 소비자가 구입할 수 있는 상품 묶음들

■ $P_X X + P_y Y \leq M$

■ 예산선

- 소비자의 수입을 모두 사용하는 상품의 묶음들

■ $P_X X + P_y Y = M$

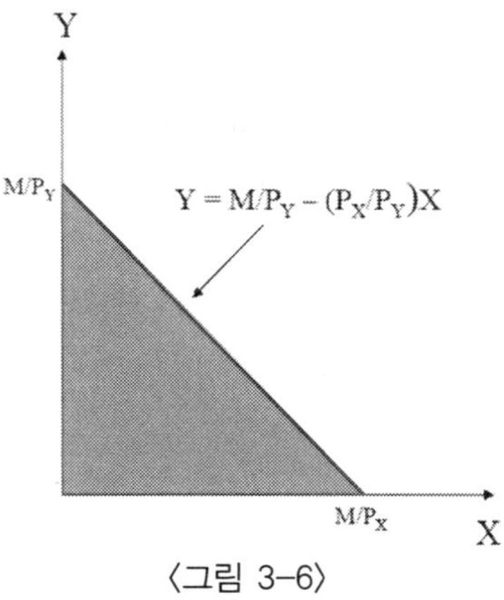

〈그림 3-6〉

■ 한계대체율

- P_X / P_Y = 예산선의 기울기

예산선의 변화

■ 소득변화

- 소득이 증가하면, 예산선이 바깥쪽으로 이동한다.
  $(M_1 > M_0)$
- 소득이 감소하면, 예산선이 시계반대방향으로 이동한다.
  $(M_1 < M_0)$

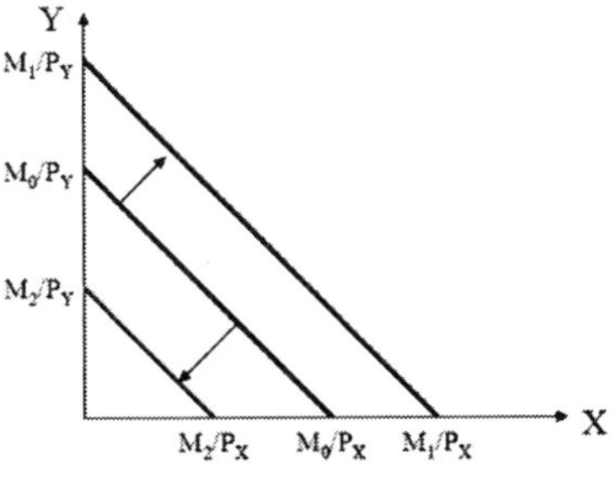

〈그림 3-7〉

■ 가격변화

- X제품 가격이 하락하면, 예산선이 시계반대방향으로 이동한다.
  $(P_{X_0} > P_{X_1})$
- X제품 가격이 증가하면, 예산선이 시계방향으로 이동한다.

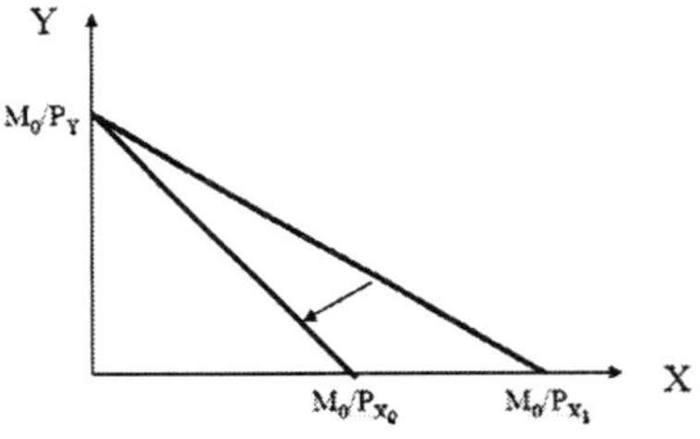

〈그림 3-8〉

III 소비자 균형

■ 소비자균형은 최상의 만족감을 나타낸다.

- 소비자균형은 MRS = P_X / P_Y에서 나타난다.

■ 다시 말하면, 무차별곡선의 기울기는 예산선의 기울기와 같다.

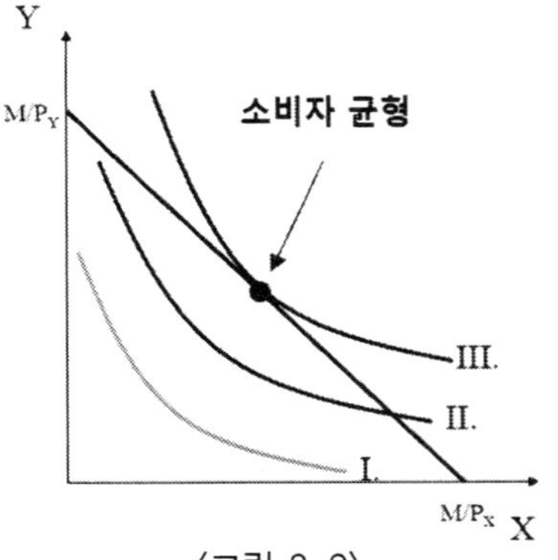

〈그림 3-9〉

1. 가격변화와 소비자 균형

- 대체재
  - 제품 X 가격의 증가(감소)는 제품 Y의 소비를 증가(감소)시킨다.
  〈예〉 사이다와 콜라
- 보완재
  - 제품 X 가격의 증가(감소)는 제품 Y의 소비를 감소(증가)시킨다.
  〈예〉 컴퓨터와 모니터

보완재 사례

제품 X 가격이 하락하고 제품 Y의 소비가 증가할 때, X와 Y는 보완재이다. $(P_{X_1} > P_{X_2})$

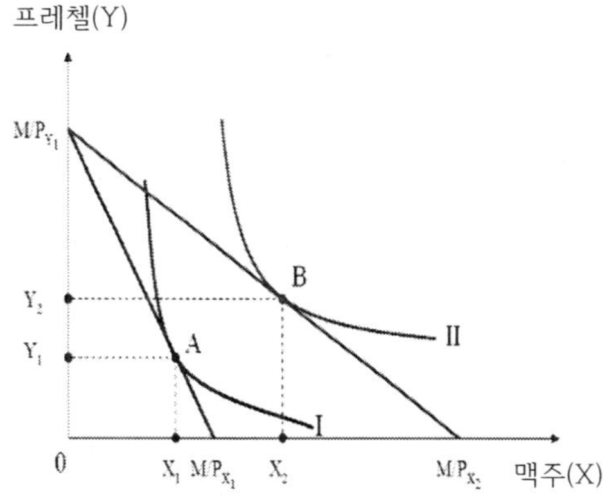

〈그림 3-10〉

2. 소득변화와 소비자 균형

- 정상재
  - 소득이 증가(감소)하면 소비도 증가(감소)할 경우, 제품 X는 정상재이다.
- 열등재
  - 소득이 증가(감소)하면 소비가 감소(증가)할 때, 제품 X는 열등재이다.

정상재 사례

소득의 증가는 정상재의 소비를 증가 시킨다.
($M_0 < M_1$)

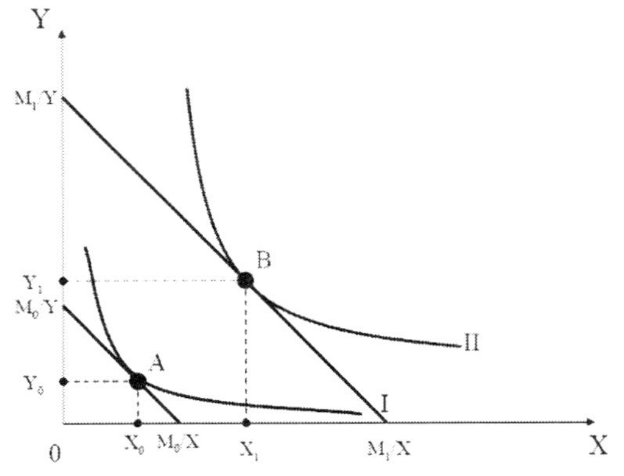

〈그림 3-11〉

3. 소득효과(IE)와 대체효과(SE)의 분해

- 처음에는 묶음 A가 소비된다.
- 제품 X 가격의 하락은 소비자들의 기회집합을 증가시킨다.
- 대체효과(SE)는 소비자들이 A에서 B로 이동하게 한 원인이다.
- 더 높은 실질소득은 소비자들이 더 높은 무차별곡선을 성취하게 한다.
- B에서 C로의 움직임은 소득효과(IE)를 나타낸다. 새로운 균형은 점 C에서 만들어진다.

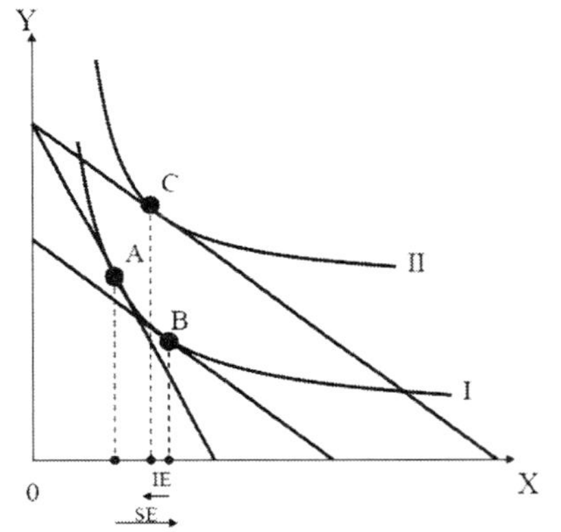

〈그림 3-12〉

4. 고전적인 마케팅 응용

- 하나사면 피자 하나를 무료로 줌

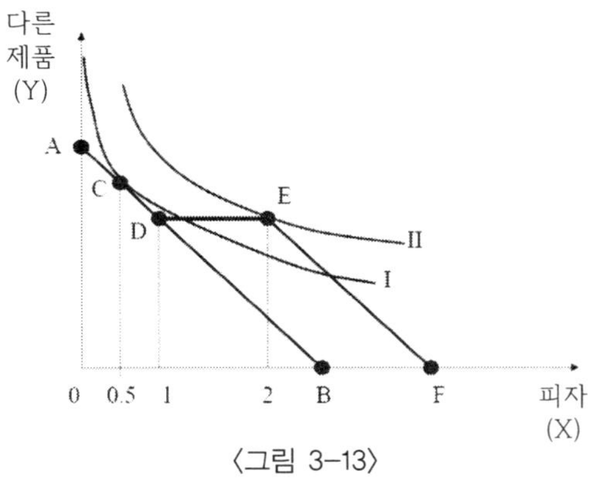

〈그림 3-13〉

IV 개인수요곡선과 시장수요곡선

개인수요곡선은 제품 X의 가격이 변할 때, 무차별곡선에서 발견되는 각각의 새로운 균형점에서부터 도출된다.

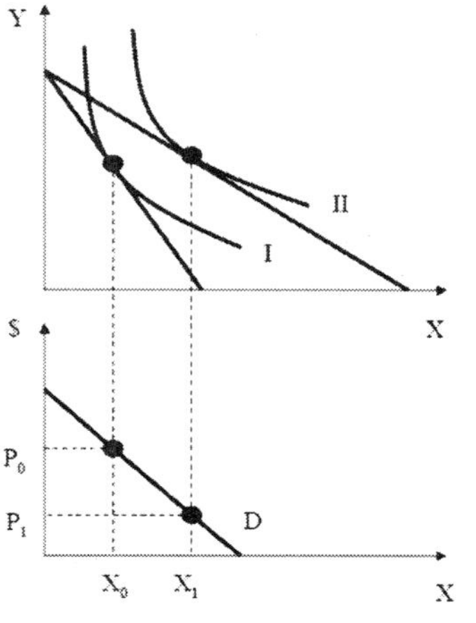

〈그림 3-14〉

■ 시장수요곡선

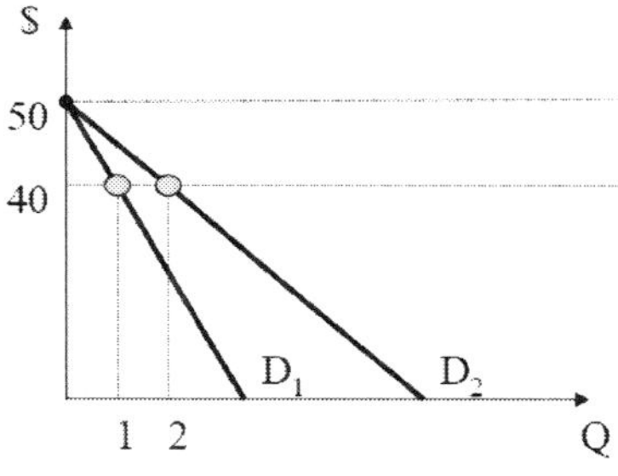

〈그림 3-15〉 개인수요곡선

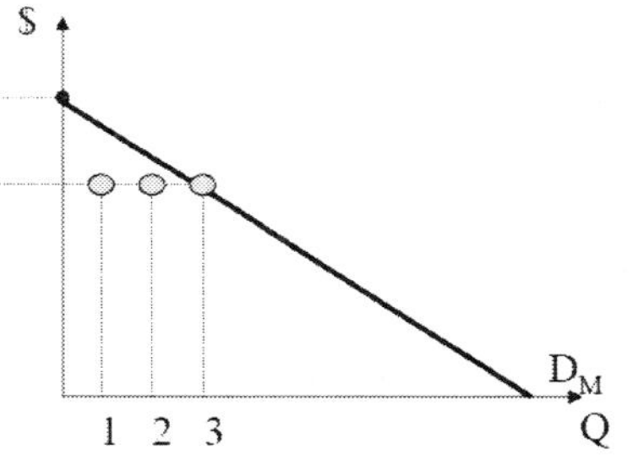

〈그림 3-16〉 시장수요곡선

- 시장수요곡선은 개인수요곡선의 수평적 합이 된다.
- 이것은 모든 소비자들이 각 가격대에서 구입한 총 양을 의미한다.

요약

- 무차별 곡선의 특성들은 제품의 묶음들 사이에서의 고객 선호도에 대한 정보를 말해준다.
  - 완전성
  - 강단조성(더 많을수록 더 좋다)
  - 한계대체율의 체감
  - 이전성
- 가격변화와 함께 무차별 곡선은 개인수요곡선을 결정한다.
- 시장수요는 개인수요의 수평적인 합이다.

기업사례 3-1 무차별곡선과 위험선호

어떤 사람들은 스카이다이빙이나 위험한 금융자산에의 투자 등과 같은 위험한 행위를 선택하는 반면, 다른 사람들은 보다 더 안전한 활동들을 선택하는가에 대해 여러분들은 의문을 가져본 적이 있는가? **무차별곡선 분석**은 이 질문에 대한 답을 제공한다.

다음의 표는 수수료가 없는 주요 뮤추얼펀드인 T. Rowe Price가 제시한 3가지 펀드투자의 5년기간 연 평균수익률과 신용등급을 나타낸다. 뮤추얼펀드는 금융자산(표에 제시된 자산은 공채로서 포트폴리오로서, 시정부가 발행한 부채이다)의 포트폴리오에 투자하는 투자회사이다. 수수료가 없다는 것은 단순히 투자자가 그 펀드의 주식을 사고 팔 때 수수료를 지급하지 않는다는 것을 의미한다.

T. Rowe Price 뮤추얼펀드의 5년기간 연 평균수익률과 신용등급

	펀드명	5년간 연 평균수익률	신용등급
A	세금면제 머니펀드	2.89%	2.0
B	세금면제 소득펀드	6.59%	2.6
C	세금면제 고수익펀드	7.29%	3.8

* T. Rowe Price 신용등급은 가장 높은 1부터 가장 낮은 10까지로 되어 있다.
출처: T. Rowe Price. Returns as March 31. 1998

3가지 투자안은 위험정도가 서로 다른 세금면제 펀드투자상품이다. 세금이 면제되므로 수취한 이자소득은 소득세가 면제된다. 이 때문에 이러한 투자상품은 고율의 세금을 내는 사람들에게 매력적이다.

T. Rowe Price가 사용한 신용등급은 위험이 낮은 펀드에 보다 낮은 숫자를 할당한다: 1은 가장 위험이 낮은 펀드에, 10은 가장 위험이 높은 펀드에 할당된다. 따라서 펀드 A는 가장 안전한 투자상품이나 가장 낮은 기대수익을 제공한다; 펀드 B는 중간정도로 안전하며 기대수익도 중간정도이다; 그리고 펀드 C는 가장 덜 안전하나 가장 높은 기대수익을 제공한다.

〈그림 3-17〉의 점 A, B, C는 이들 3가지 펀드투자의 특징을 나타내고 있다. 투자자들은 안전성과 투자수익률 크기를 "재화"로 간주한다; 즉, 보다 수익률이 높고 안전성이 높은 투자상품은 보다 수익률이 낮고 안전성이 낮은 투자상품보다 더 선호된다. 투자자들은 수익률크기와 안전성수준간에 서로 대체하고자 한다. 3가지 투자상품이 주어지면, 투자자의 관점에서 볼 때 보다 높은 수익과 투자의 안전성수준간에 교환관계(trade off)가 있다.

다음의 그림 (a)와 같이 경사가 **급한 기울기의 무차별곡선**은 기대수익과 안전성간에 **높은 한계대체율**을 가지고 있는 투자자를 나타낸다; 이 투자자는 안전성을 조금 포기하는 대가로 큰 기대수익을 받아야 한다. 그림 (b)와 같이 **평평한 기울기의 무차별곡선**은 기대수익과 안전성간에 **낮은 한계대체율**을 가지고 있는 투자자를 나타낸다. 이 투자자는 조금이라도 기대

수익을 높이기 위해 많은 안전성을 포기할 의향이 있다.

그림 (a)와 같은 무차별곡선을 나타내는 투자자에게는 투자안 A가 가장 매력적이다. 왜냐하면 투자안 A가 가장 높은 무차별곡선상에 있기 때문이다. 이와는 대조적으로 그림 (b)와 같은 무차별곡선을 나타내는 투자자는 투자안 C에서 가장 높은 무차별곡선을 달성한다. 두 형태의 투자자들은 합리적이나, 그 중 한 투자자는 보다 더 큰 안전을 위해 추가적인 수익률을 포기하고자 한다.

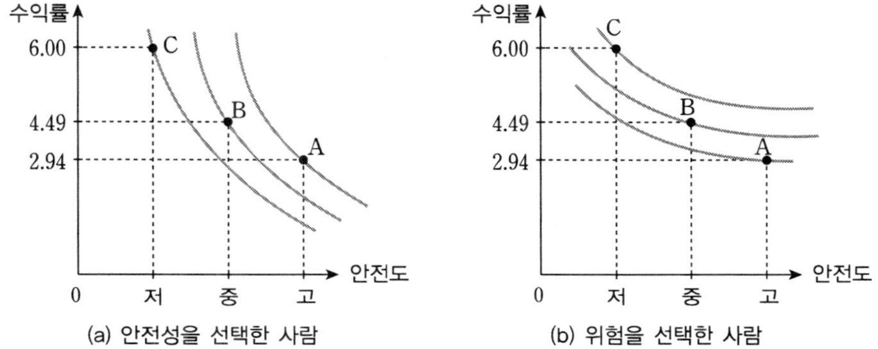

〈그림 3-17〉

기업사례 3-2 다품목 생산기업에서의 가격변화와 재고관리

경영자의 중요한 의사결정중의 하나가 얼마나 많은 재고를 보유하고 있어야 하는가에 대한 결정이다. 재고를 너무 적게 보유하면 소비자들의 수요를 충족시키지 못하게 된다. 이 경우 여러분의 고객들은 다른 기업으로 이탈하게 된다. 재고의 기회비용은 재고에 묶인 자금으로부터 벌 수 있는 잃어버린 이자가 된다. **재고관리를 수행할 때 효율적인 경영자는 회사내의 제품간에 존재하는 관계와 한 제품가격의 변화가 다른 제품의 필수재고에 미치는 영향을 인식해야 한다.** 예를 들어, 비디오게임기기(consoles)의 가격하락은 게임기기의 수요량 증가를 초래할 뿐만 아니라, (게임기기의) 보완재에 해당하는 비디오 게임에 대한 수요의 증가도 가져온다. 이러한 결과는 재고관리에 대해 명백한 시사점을 제시하고 있다.

어떤 한 제품의 가격하락결과에 대해 살펴보면, **대체재의 수요**와 **대체재의 재고량**에 대한 영향이다. 어떤 소매업자(retailer)가 다양한 제품을 팔고 그 제품 중 일부가 대체재라면, 한 제품가격의 하락은 그 가게에 있는 다른 대체재의 매출감소를 초래할 것이다. 예를 들어, Xbox360 게임가격이 하락하면 가격하락의 직접적인 결과로서 Xbox360게임기기에 대한 수요가 증가한다. 그러나 PlayStation3 게임기기와 같은 대체재의 소비는 Xbox360 게임기기의 가격하락결과 감소하게 될 것이라는 것을 주목하라. 만약 가격하락이 대체재의 소비에 미치는 영향을 경영자가 고려하지 않는다면, 그 경영자는 Xbox360 게임기기의 가격이 하락할 때 PlayStation3 게임기기의 재고가 쌓이게 되는 상황에 직면할 것이다.

기업사례 3-3 소득효과와 경기변동

기업을 경영할 때 한가지 중요하게 고려할 사항은 가격의 변화가 기업의 제품수요에 미치는 영향이다. 여러분이 정상재인 제품을 판매하는 기업의 경영자이며 또 다른 제품을 생산할 것을 고려하고 있다고 가정하자. 여러분이 의사결정을 할 때에 여러분이 고려하는 요소들이 여러 가지가 있다. 여러분의 제품이 정상재이므로 경제가 불황(소득이 낮음)일 때보다 경제가 호황(소득이 높음)일 때 그 제품을 더 많이 판매할 것이다. 여러분의 제품이 경기와 관련있는 제품이다, 즉 매출이 직접적으로 경제상황에 따라 변한다. 이러한 정보는 여러분의 회사에서 여러 가지 제품 중 어느 것을 선택할 것인가를 결정할 때 여러분에게 유용할 수 있다.

여러분이 **정상재**를 더 많이 선택하는 것으로 결정을 한다면, 여러분은 계속 경기침체기보다 경기호황기에 더 많은 제품을 판매하는 영업을 하게 될 것이다. 그러나 여러분이 몇 가지 **열등재**를 판매할 것을 결정한다면, 이들 제품에 대한 수요는 경기가 좋지 않을 때(소득이 낮을 때)에 증가할 것이며, 아마도 정상재에 대한 수요를 상쇄시킬 것이다. 이것은 제품의 최적 배합이 정상재와 열등재간에 50 대 50이라고 말하는 것은 아니다; 최적 배합은 여러분 자신의 위험선호도에 달려있다. 일반적으로 고급식료품가게를 운영하는 경우가 슈퍼마켓을 운영하는 경우보다 더 높은 수준의 위험을 내포할 가능성이 높다. 왜냐하면, 보통 고급식료품가게는 거의 정상재만을 판매하는 반면, 슈퍼마켓은 정상재와 열등재를 보다 더 "균형있게 조합하여(balanced portfolio)" 판매하기 때문이다. 이것이 경기침체기동안 왜 많은 고급상점들이 문을 닫는 반면, 슈퍼마켓은 그렇지 않는가에 대한 이유를 설명해 준다. 또한 마케팅 캠페인을 구상할 때 소득효과의 크기를 알아야 할 필요가 있다. 제품이 정상재라면 그 기업은 소득이 높은 개인들에 대해 광고캠페인을 가장 중점적으로 할 것이다. 이러한 요인들은 어느 잡지와 TV쇼가 광고메시지를 전달하는 데 가장 좋은 수단인가를 결정할 때 고려되어야 한다.

4 기업의 생산량 결정과 비용최소화

Ⅰ. 생산함수

- 생산함수
  (1) 생산함수의 형태,
  (2) 생산성 측정: 총생산물, 한계생산물, 평균생산물
- 등량곡선
- 등비용선
- 비용최소화

Ⅱ. 비용함수

- 총비용, 가변비용, 고정비용
- 비용간의 관계

Ⅲ. 다품목 비용함수

Ⅳ. 장기 평균비용 곡선(LRAC)

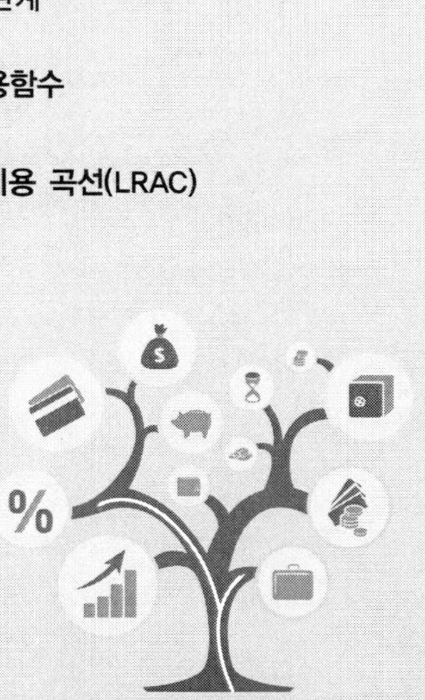

비영리기관뿐만 아니라 회사는 재화를 생산하거나 서비스를 제공하는 영업을 담당하고 있으며, 성공적으로 회사경영을 하기위해서 경영자들은 생산활동(production process)에서 사용할 생산요소(inputs)의 양과 유형을 최적으로 선택해야 한다. 예를 들어, 컨설팅 회사를 성공적으로 운영하려면 적절한 직원의 수와 조합(mix)을 선택하고, 임금과 다른 생산요소의 가격이 변할 때 이들 직원(employees)과 다른 생산요소 간에 최적으로 대체를 해야 한다.

본 장에서는 생산량이나 가격결정과 같은 경영자적 위치에서 성공하기 위해 필요한 경제학적 토대가 제시된다. 이 장에서 제시되는 생산과 비용의 개념들은 그 자체로서도 중요하다. 왜냐하면 그것들은 인적자원, 기업운영, 관리회계, 그리고 전략적 경영을 포함한 경영영역들(business areas)에서 기본적인 구성요소이기 때문이다.

I 생산함수

1. 생산함수

■ Q = F(K, L)

- Q : 생산과정에서 생산된 산출물의 양
- K : 자본의 양
- L : 노동의 양
- F : 생산을 위한 투입량과 관련된 함수 형태

■ K단위의 자본과 L단위의 노동으로 생산될 수 있는 산출물의 최대값

■ 단기 VS 장기의 의사결정

■ 고정생산요소 VS 가변생산요소

(1) 생산함수의 대수적 형태

■ 선형생산함수 : 생산요소간에 완전대체가 가능

$$Q = F(K, L) = aK + bL$$

■ Leontief 생산함수 : 생산요소가 고정비율로 사용

$$Q = F(K, L) = \min\{bK, cL\}$$

■ Cobb-Douglas 생산함수 : 생산요소간의 대체성을 가정

$$Q = F(K, L) = K^{a}K^{b}$$

(2) 생산성 측정

1) 총생산물(TP) : 주어진 투입물로 생산할 수 있는 최대의 산출량

■ 보기 : Cobb-Douglas 생산함수 : $Q = F(K, L) = K^{.5}L^{.5}$

- K는 16단위로 고정되어 있다.
- 단기 Cobb-Douglas 생산 함수 : $Q = (16)^{.5}L^{.5} = 4L^{.5}$
- 노동의 100개 단위가 이용될 경우의 총생산량?

  $Q = 4(100)^{.5} = 4(10) = 40$단위

2) 평균생산물 : 투입물 1단위당 생산된 산출량의 측정값

▪ 노동의 평균생산물 : $AP_L = Q/L$

- 노동자의 "평균"단위 산출량을 측정한다.
- 예제 : $Q = F(K, L) = K^{\cdot 5} L^{\cdot 5}$
  ✓ 투입량이 $K = 16$ 및 $L = 16$일 경우, 노동의 평균생산물은

$$AP_L = [(16)^{0.5}(16)^{0.5}]/16 = 1$$

▪ 자본의 평균생산물 : $AP_K = Q/K$

- 자본의 "평균"단위 산출량을 측정한다
- 예제 : $Q = F(K, L) = K^{\cdot 5} L^{\cdot 5}$
  ✓ 투입량이 $K = 16$ 및 $L = 16$일 경우, 자본의 평균생산물은

$$AP_K = [(16)^{0.5}(16)^{0.5}]/16 = 1$$

3) 한계생산물 : 마지막 한단위의 투입물에 의한 총 산출물의 변화

▪ 노동의 한계생산물 : $MP_L = \Delta Q / \Delta L$

- 마지막 한 단위의 노동에 의해 생산되는 산출량을 측정
- 단기생산함수의 기울기 (노동과 관련하여)

▪ 자본의 한계생산물 : $MP_K = \Delta Q / \Delta K$

- 마지막 한 단위의 자본에 의한 산출량을 측정
- 자본이 단기적으로 변하는 것으로 가정할 때, MP_K는 생산함수의 기울기 (자본과 관련하여)

4) 생산과정에서 경영자의 역할

▪ 생산함수상에서 생산하라.
근로자들이 최대의 노력을 다하도록 유인하는 인센티브제를 구축해야 한다.

▪ 적절한 수준의 생산요소를 활용하라.
노동이나 자본이 단기적으로 변화할 때, 이윤극대화를 위해 경영자를 고용

- 노동의 한계생산물가치와 임금이 같아지는 수준까지 노동력을 계속 고용

$$VMP_L = \mathrm{w}, \quad \text{여기에서} \quad VMP_L = P \times MP_L$$

- 자본의 한계생산물 가치와 자본 임대률이 같아지는 수준

$$VMP_K = \mathrm{r}, \quad \text{여기에서} \quad VMP_K = P \times MP_K$$

2. 등량곡선

- 생산자에게 똑같은 양의 산출물을 생산해주는 생산요소(K, L)의 조합으로 정의
- 동일한 등량곡선 상의 자본과 노동의 모든 조합은 똑같은 양의 산출물을 생산

(1) 한계기술대체율(MRTS)

- 생산량을 일정하게 유지하면서 생산자가 두 생산요소간에 대체할 수 있는 비율

$$MRTS_{KL} = \frac{MP_L}{MP_K}$$

(2) 선형 등량곡선

- 노동과 자본이 서로 대체되는 비율
  - Q = aK + bL
  - $MRTS_{KL}$ = b/a
  - 선형 등량곡선의 의미는 생산요소의 사용량과 관계없이 생산요소들은 일정한 비율로 대체된다는 의미

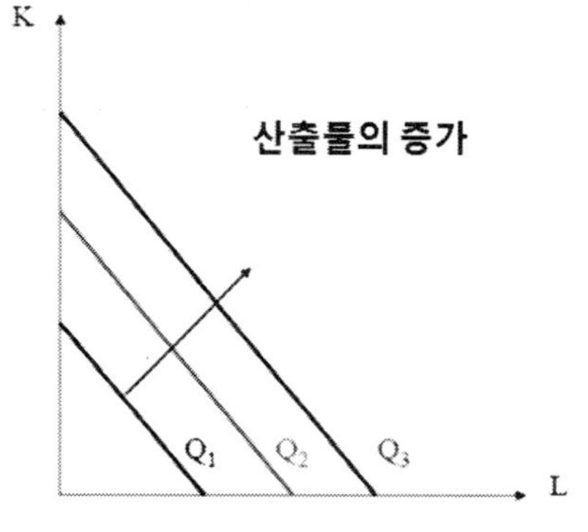

〈그림 4-1〉

(3) Leontief 등량곡선

- 자본과 노동은 완전한 보완관계
- 자본과 노동은 고정비율로 사용된다.
- $Q = \min\{bK, cL\}$
- 생산요소들은 고정비율로 사용되므로, 생산요소간의 대체성이 없다(즉, MRTS가 없다).

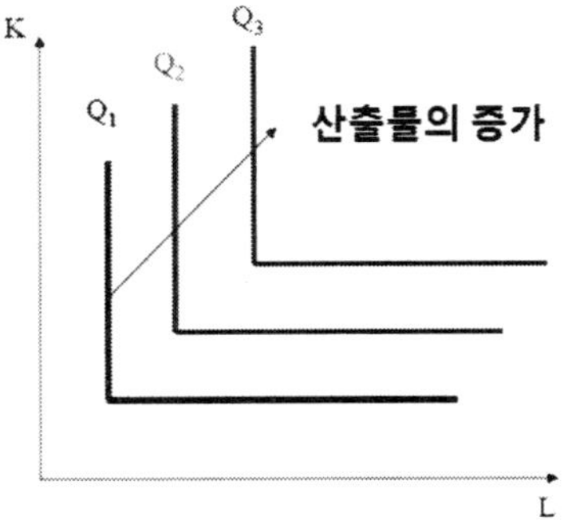

〈그림 4-2〉

(4) Cobb-Douglas 등량곡선

- 생산요소들은 완전하게 대체 가능하지는 않다.
- 한계기술 대체율의 체감
  - 어떤 생산요소를 점점 덜 사용할수록, 동일한 양의 산출물을 생산하기 위해서 또 다른 생산요소를 점점 더 많이 사용해야 한다는 속성
- $Q = K^a L^b$
- $MRTS_{KL} = MP_L / MP_K$

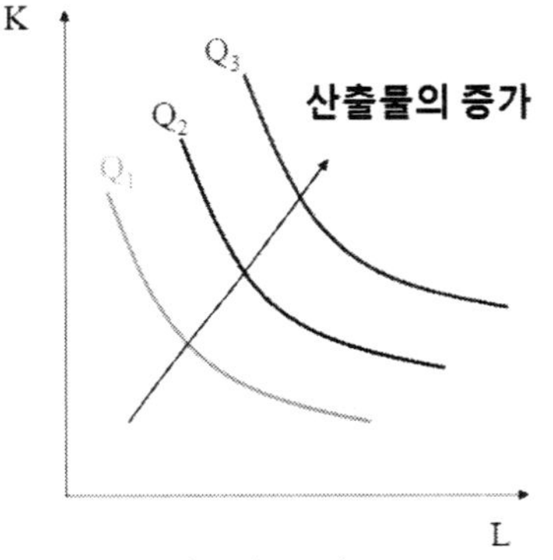

〈그림 4-3〉

3. 등비용선

- 주어진 생산량을 동일한 비용으로 생산하는 생산요소들의 조합 :

$$\omega L + rK = C$$

- 다시 쓰면,

$$K = (1/r)C - (\omega/r)L$$

- 생산요소가격이 주어졌을 때, 등비용선이 원점에서 더 멀리 있을수록 비용이 더 크다.

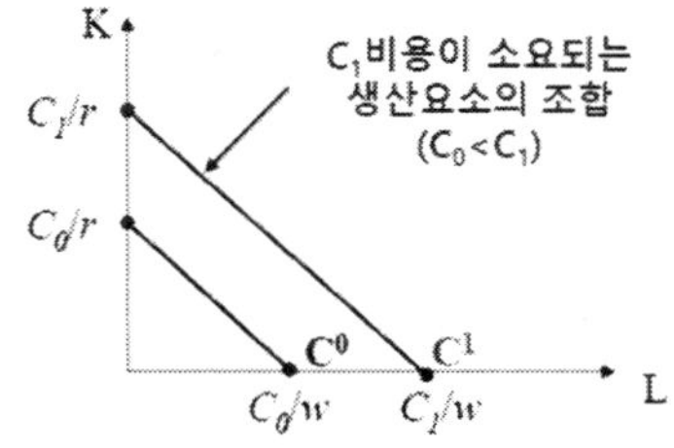

〈그림 4-4〉

- 생산요소가격의 변화는 등비용선의 기울기에 영향을 준다.

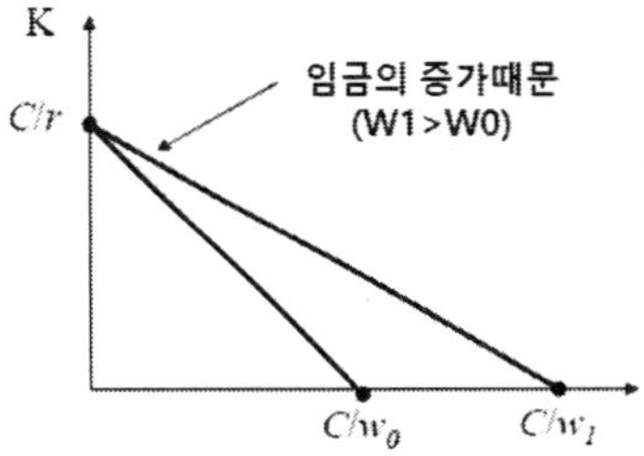

〈그림 4-5〉

4. 비용최소화

- 지출된 1 달러당 한계생산물은 모든 생산요소에 대해 동일 :

$$\frac{MP_L}{w} = \frac{MP_K}{r} \Leftrightarrow \frac{MP_L}{MP_K} = \frac{w}{r}$$

- 그러나, 이것은 단지

$$MRTS_{KL} = \frac{w}{r}$$

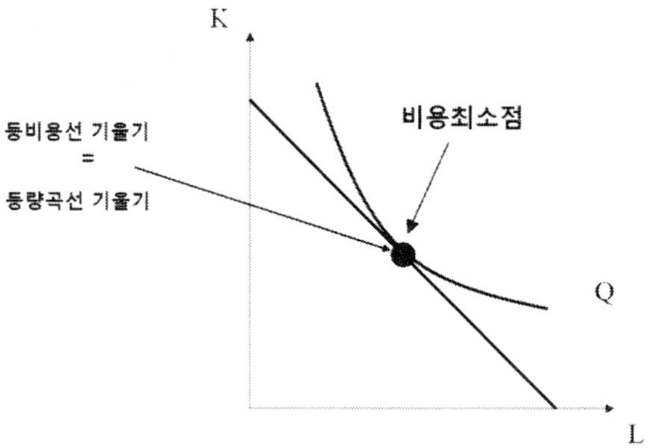

〈그림 4-6〉

최적의 생산요소 대체

- 기업은 처음 점 A로 표시되는 생산요소조합을 사용하여 C_0의 비용으로 Q_0를 생산
- w_0가 w_1로 하락한다는 가정.
  - 등비용곡선이 반시계 방향으로 회전 : 임금 변화 이전의 동일한 비용 수준을 의미
  - 동일한 수준의 생산량 Q_0를 생산하기 위해, 기업은 점 B에서는 더 낮은 등비용선 C_1에서 생산.
  - 새로운 등비용곡선의 기울기는 자본의 가격에 비해 더 낮아진 임금을 나타낸다.

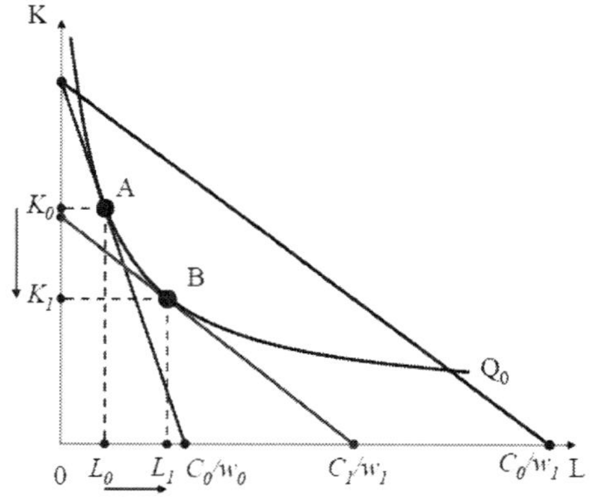

〈그림 4-7〉

II 비용함수

1. 비용의 유형

- 단기의 비용 :
  - 고정비용(FC)
  - 매몰비용
  - 단기가변비용(VC)
  - 단기총비용(TC)

- 장기의 비용 :
  - 모든 비용은 변한다.
  - 고정비용은 없다.

2. 총비용과 가변비용

- C(Q) : 여러 수준의 생산량을 생산하는 최저의 총비용

$$C(Q) = VC(Q) + FC$$

- VC(Q) : 생산량에 따라 변화하는 비용
- FC : 생산량에 따라 변하지 않는 비용

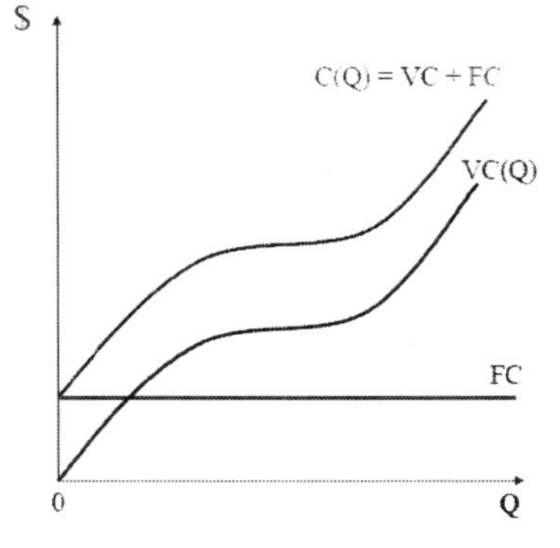

〈그림 4-8〉

3. 고정비용과 매몰비용

- FC(고정비용) : 생산량의 변화에 따라 변하지 않는 비용
- 매몰비용 : 지출한 후 영원히 잃어버린 비용
- 의사결정자는 이윤을 최대화하거나 손실을 최소화할 때 매몰비용을 무시해야 한다.

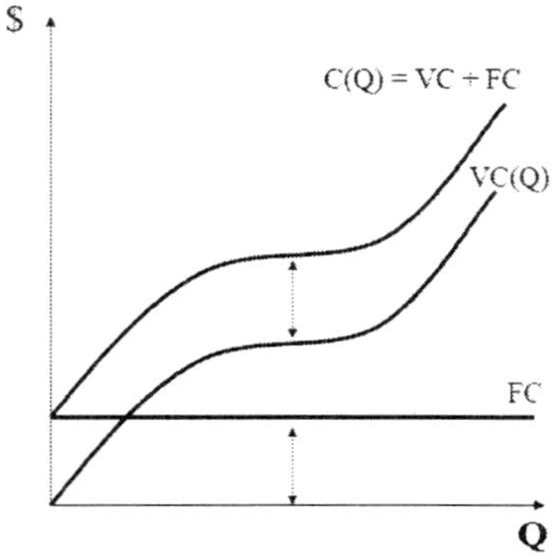

〈그림 4-9〉

4. 비용간의 관계

- 평균 총비용(ATC)

  ATC = AVC + AFC

  ATC = C(Q)/Q
- 평균 가변비용(AVC)

  AVC = VC(Q)/Q
- 평균 고정비용(AFC)

  AFC = FC/Q
- 한계비용(MC)

  MC = $\Delta C / \Delta Q$

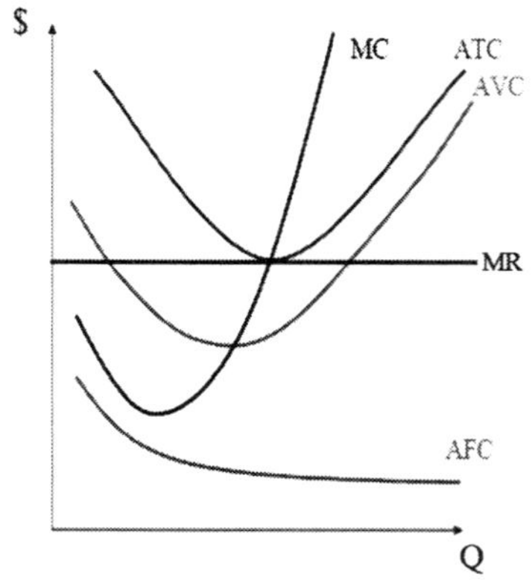

〈그림 4-10〉

III 다품목 비용 함수

- $C(Q_1, Q_2)$: 두 종류의 산출물을 공동으로 생산하는 비용
- 일반적 함수식 :

$$C(Q_1, Q_2) = f + aQ_1Q_2 + bQ_1^2 + cQ_2^2$$

범위의 경제

- $C(Q_1, 0) + C(0, Q_2) > C(Q_1, Q_2)$.
  - 두 종류의 산출물을 함께 생산하는 비용이 각각 생산하는 비용보다 작다.
- 예 :
  - 타임워너사가 인터넷 연결서비스와 긴급메시지서비스를 같이 생산하는 것은 그 서비스들을 각각 생산하는 것보다 싸다.

비용 보완성

- 어떤 하나의 산출물이 증가될 때 다른 하나의 산출물을 생산하는 한계비용이 감소 :

$$\Delta MC_1(Q_1, Q_2)/\Delta Q_2 < 0 \ .$$

- 예 : 소가죽과 스테이크

IV 장기 평균비용 곡선(LRAC)

규모의 경제

생산량이 증가할수록 장기평균비용의 하락

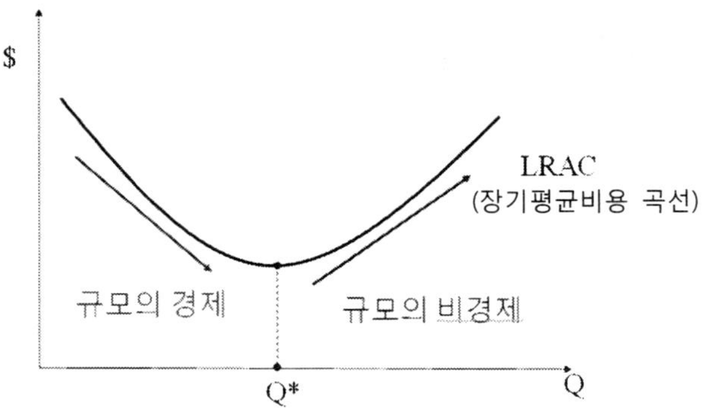

〈그림 4-11〉

요약

- 단기: 이윤의 극대화 (비용의 최소화)
  경영자는 각 생산요소의 한계생산물 가치가 그 생산요소를 사용하기 위해 기업이 지불해야 하는 가격을 반영하는 수준에서 생산요소를 사용해야 한다.
- 장기: 최적의 생산요소조합은 $MRTS_{KL} = (w/r)$ 에서 달성된다.

생활속 사례 평균비용과 한계비용: 사례

〈문제 1〉 계명 주식회사의 변동비용은 연필 한 자루당 55원(재료비 5원과 인건비 50원)이다. 생산시설의 임대료는 매달 5백만원이다. 계명이 연간 10만자루의 연필을 생산한다면 총생산비용은 얼마가 되는가? 연필 한 자루당 평균비용은 얼마가 되는가?

〈해〉 매달 발생하는 고정비용이 5백만원이므로 연간 고정비용(FC)은 6천만원이다. 변동비용(v)은 연필 한 자루당 55원이다. 따라서 계명이 연간 10만자루(Q)의 연필을 생산한다고 가정하면 연간 총비용은 다음과 같이 계산된다.

총비용 = v × Q + FC
= 55원 × 10만자루 + 6천만원
= 6천 550만원

연필 한 자루당 평균비용은 6,550만원/10만자루 = 655원이다.

〈문제 2〉 이제 계명이 5,000자루의 연필을 추가로 특별주문 받았다고 하자. 계명은 이미 생산하고 있는 10만자루의 연필에 더해 5,000자루의 연필을 추가적으로 생산하기에 충분한 생산용량을 갖고 있다고 하자. 따라서 추가적인 고정비용은 발생하지 않는다. 또한 5,000자루의 주문이 기존에 받고 있는 주문에도 아무런 영향을 미치지 않는다고 하자. 이 주문에 대해 연필 한 자루당 150원을 받을 수 있다면 계명은 이 주문을 받아야 하는가?

〈해〉 연필 한 자루를 더 생산하는 데에는 55원이 든다. 55원이라는 **증분적 비용(한계비용)**을 초과해서 받는 금액은 모두 고정비용을 지불하는 데 공헌한다. 150원의 한계수입(marginal revenue) 또는 증분적 수입(incremental revenue)은 55원의 한계비용보다 큰 금액이다. 따라서 계명은 이 주문을 받아들여야 한다. 계명의 **의사결정에서 고정비용인 6천만원은 고려되어서는 안 된다.** 왜냐하면 적어도 현재의 기간동안에 이 비용은 매몰비용이기 때문이다. **마찬가지로 연필 한 자루당 평균비용이 655원이라는 사실도 의사결정과는 무관한 비용이다.** 왜냐하면 평균비용은 고정비용을 반영하는 비용이기 때문이다. 추가적으로 연필을 5,000자루 더 생산하는 것이 연필 한 자루당 55원의 변동비용 외에 추가적인 변동비용을 발생시키지 않고 연필 한 자루당 가격이 55원을 넘는 한, 계명은 이 주문을 받아들여야 한다.

생활속 사례 심청전과 기회비용

1. '심청전'에서 기회비용은 어떠한 모습으로 나타나고 있을까?

아버지의 눈을 뜨이게 하기 위해 자신이 살아가면서 얻을 수 있는 행복과 즐거움을 포기하고 자신의 목숨을 공양미 삼백 석과 바꾼 심청의 효심을 우리는 이야기 한다. 하지만 심청은 자신이 죽어야 한다는 사실보다도 홀로 될 아버지께서 겪으실 심적, 육체적 어려움 때문에 더욱 슬퍼하고 있다. 여기서 주목할 만한 것은 심청이 자신의 '생명값'이라는 명시적인 비용 이외에도 자신이 아버지를 도우면서 얻을 수 있는 만족감, 자신을 보며 안식과 기쁨을 얻는 아버지를 보며 느낄 수 있는 만족감 등 까지 모두 포기하고 이를 암묵적으로 지불하고 있다는 것이다. 또한 이 소설에서 명시적으로 드러나지 않았지만 심청은 자신이 살아서 평생 벌어들일 수 있는 소득도 포기하고 있다고 볼 수 있다.

2. 기회비용이란?

심청의 '목숨값'과 같이 현금의 지출이 이루어지거나 실제로 그 대가가 지불되어 사람들이 명시적으로 인식할 수 있는 비용을 **회계적 비용**(혹은 **명시적 비용**, explicit cost)이라고 하며, 심청 아버지의 심리적 안정을 통해 심청이 얻은 만족감, 심청이 살아서 벌어들일 수 있는 소득 등과 같이 명시적인 현금지출이 수반되지 않는 비용을 **'암묵적 비용**(implicit cost)'이라고 한다. 그리고 이 두 비용의 합이 **기회비용**(opportunity cost)이 된다.

즉 경제학에서의 기회비용이란 무엇을 선택했을 때 그로 인해 포기하는 것 중에서 가장 높은 것의 가치를 의미한다. 따라서 기회비용을 고려하기 위해서는 명시적으로 포기하는 것 이외에도 다른 선택의 기회를 포기함으로써 발생하는 모든 비용을 합하여 생각하여야 한다. 예를 들어, 수업을 마치고 친구들과 3000원을 지불하고 커피를 마시는 경우를 생각해 보자. 이 경우 기회비용은 커피를 마시기 위해 지불한 3000원(회계적 비용)과 커피를 마시지 않았을 때 선택할 수 있었던 것의 가치(암묵적비용, 예를 들면 조용한 음악을 들으며 얻을 수 있는 만족도)의 합이 된다.

3. 기회비용을 고려한 심청의 선택은 합리적이었을까?

심청은 "열다섯 살에 죽을 일에 정신이 아득"하여 "식음을 전폐하고 근심으로" 지내기도 하고 혼자 남게 될 아버지를 걱정하며 그의 잠자는 곁에서 울기도 한다. 이렇듯 심청은 자신의 '목숨값'이라는 회계적 비용과 '아버지의 안식과 기쁨'등 암묵적 비용을 포함한 기회비용을 생각하며 갈등하고 있다. 심청이 이러한 갈등 끝에 자신이 약속한대로 자신을 팔기로 한 것은 아마도 이러한 모든 암묵적 비용까지 고려한 기회비용보다도 아버지가 눈을 뜸으로써 자신이 얻을 수 있는 만족감이 더 크다고 생각했기 때문이었을 것이며, 따라서 심청의 선택은 합리적이었다고 볼 수 있다.

또한 심청이 자신이 벌어들일 수 있는 소득까지 기회비용에 넣어 고민을 했다고 한다면 "길쌈과 삯바느질"로 전전긍긍 살림을 꾸려나가고 있었던 심청에게 고양미 삼백 석은 평생을 일해도 모으기 힘든 거액이었기 때문에 심청의 선택은 여전히 합리적이다.

'정보의 제약'으로 인해 심청이 간과하였던 기회비용은 무엇일까?

만약 심청이 인당수의 제물로 팔려가기를 결정하기 전에 장승상댁 부인께 먼저 조언을 구했더라면 부인은 심청이 공양미 삼백 석을 얻을 수 있도록 도와줄 수 있었을 것이다. 가령, 삼백 석을 먼저 받은 후 일을 하면서 이를 갚아나갈 수 있는 일자리를 마련해주었을 수도 있다.

이 경우 기회비용을 고려한 합리적 선택은 달라질 수 있다. 만약 이를 알면서도 인당수의 제물로 팔려가기로 결정한다면, 명시적으로는 여전히 공양미 삼백 석을 얻기 위해 자신의 '생명값'을 지불한 것으로 보이지만 이로 인해 자신도 살고, 아버지도 눈을 뜰 수 있도록 하는 훨씬 더 나은 선택의 기회를 포기한 셈이 되기 때문이다.

물론 심청이 이를 알기까지 여러 사람에게 조언을 구하고 정보를 수집하는 과정에서 **정보의 탐색비용**(search cost)이 추가로 발생하게 된다. 그렇다 하더라도 자신의 노동력을 **회계적 비용**으로 지불하고, 다른 곳에서 일할 때 얻을 수 있는 소득과 정보의 탐색비용을 **암묵적 비용**으로 지불하고서 '아버지의 득안' 이라는 편익을 얻는 것이 **기회비용**의 측면에서 가장 합리적인 선택이라고 할 수 있다.

심청이 제약된 정보하에서 합리적인 선택을 하기 위해서는 정보를 수집하는 데에 더 많은 시간과 노력 등의 탐색비용을 지불해야만 했다고 볼 수 있다.

4. 합리적 선택은 어떻게 해야 할까?

심청은 공양미 삼백 석을 구할 수 있는 다양한 정보를 탐색하고 이 탐색비용을 포함하여 가장 적은 기회비용이 드는 방법을 선택했어야 했다.

우리는 살아가면서 너무나 많은 선택을 한다. 왜냐하면 하고 싶은 일 혹은 해야 할 일은 많지만 시간, 자원, 능력이 제한되어 있는 희소성 때문이다. 더욱이 우리는 제한된 정보만을 가지고 있기 때문에 정보를 수집하는 데에도 이러한 제한된 시간과 노력을 기울여 탐색비용을 지불해야 한다.

따라서 필요한 정보를 효율적으로 수집하고 최소의 기회비용으로 최대의 편익을 얻을 수 있도록 하는 '합리적인 선택'을 해야 한다. 기회비용의 개념을 확실히 이해하고 '효녀 심청'이 아닌 '합리적인 효녀 심청'이 되어보자

생활속 사례 매몰비용(sunk cost)의 사례들

우리말 중에 '본전은 뽑아야 한다'라는 말이 있다. 물론 투자를 했으니까 최소한 본전은 뽑아야 하는 것은 당연한 이치다. 그러나 경제학적 기준으로 보면 이런 태도가 반드시 합리적인 것만은 아니다. 그 이유는 바로 매몰비용이란 개념을 간과했기 때문이다. **매몰비용이란 일단 지출된 뒤에는 어떤 선택을 하든 다시 회수할 수 없는 성격을 가진 비용을 가리킨다.** 예를 들어 이미 시작해버린 영화, 음악회, 연극 등의 입장권은 설사 재미가 없다고 하더라도 환불이 불가능하기 때문에 매몰비용이 되는 것이다. **다시 회수할 수 없기 때문에 일단 지출된 매몰비용은 철저하게 잊어버리는 것이 합리적 선택의 요령이라고 할 수 있다.** 다시 말해 과거는 과거로 돌려야 하며 그것이 미래의 어떤 의사결정에 영향을 주어서는 안된다는 뜻이다. 그러나 우리주변의 많은 사람들은 매몰비용의 성격을 갖는 비용을 이미 지출해 놓고 미련을 버리지 못해 비합리적 선택에 이르는 오류를 자주 범하고 있다. 가령 새로 개봉한 영화를 보기 위해 7,000원이라는 입장료를 주고 극장 좌석에 앉았는데 영화가 무척 지루하고 재미없다고 느껴지는 경우 우리는 어떻게 해야 할까? 이런 경우에 많은 사람들은 본전 생각에 재미없는 영화를 끝까지 지켜보게 된다. 물론 이는 합리적인 행동이 아니다. 참을성을 발휘해 극장 좌석에 끝까지 앉아 있다고 하더라도 그것은 이미 버려진 돈일뿐이다. 분명한 것은 영화가 재미없다는 것을 발견한 순간 자리를 박차고 일어나 남은 시간을 유용하게 쓰는 것이 최선의 선택이라는 것이다. 이외에도 우리는 본전 생각에 도박판에서 벗어나지 못하고 결국 패가망신하는 사람들이나 주식가격이 계속 떨어지는데도 팔지 못하고 주저하다 손해가 더욱 커지는 사람들 등 포기해야 마땅한 일인데 본전을 뽑는다는 생각으로 버티다 공연히 낭패를 보는 사례를 종종 볼 수 있다. 자세히 들여다보면 이런 식의 어리석은 의사결정으로 아까운 시간을 낭비하거나 커다란 손해를 자초하는 사람이 의외를 많다는 걸 알 수 있다. 이렇게 매몰비용에 집착하기 보다는 과거는 철저하게 과거로 돌리는 지혜를 발휘하는 것이 현명한 사람의 자세일 것이다.

기업사례 4-1 부가급부 (Fringe Benefits)와 생산요소대체

정부규제는 종종 의도하지 않은 결과를 초래한다. 예를 들어, 현재 미국의 연방세법에 의하면, 기업들은 저소득 근로자를 차별하지 않는 방식으로 부가급부를 제공해야 한다. 아마도 이러한 규제의 목적은 저소득 근로자들이 건강보험, 연금혜택 및 기타의 부가급부를 받도록 하기 위한 것이다. 그러나 불행하게도 이러한 정책은 종종 저소득 근로자들의 고용기회를 제한한다.

그 이유를 알아보기 위해서, 컴퓨터 프로그래머와 비서를 고용하는 회사를 상정한다. 컴퓨터 프로그래머의 연봉은 30,000달러이며 비서의 연봉은 15,000달러라고 하자. 그 회사는 직원들에게 매년 3,600달러에 달하는 가족건강보험을 제공할 것을 고려하고 있다. 부가급부비용을 제외하면, 컴퓨터 프로그래머에 대한 비서의 상대가격은 15,000달러/30,000달러 = 0.5. 그러나 건강보험계획의 비용이 추가되면, 컴퓨터 프로그래머에 대한 비서의 상대가격은 0.55(18,600달러/33,600달러)를 약간 초과할 정도로 증가하게 된다. **등량곡선과 등비용선 분석에 의하면, 기업은 비용을 최소화하기 위해 현재 고가의 비서를 다른 생산요소로 대체해야 할 것이다.**

억지해석처럼 보이는가? 최근 Frank Scott, Mark Berger 그리고 Dan Black 등의 경제학자들이 건강보험비용과 저소득근로자들의 고용간에 대한 관계를 조사하였다. 그들에 의하면, 상대적으로 높은 수준의 건강보험을 제공한 산업들(IRS)은 낮은 수준의 건강보험을 지급한 산업에 비해 훨씬 더 적은 수의 장부계원, 키펀치 운영자, 접수계원, 비서, 점원, 수위 그리고 음식서비스 근로자(정규직 근로자)를 고용하였다. 더욱이, IRS는 시간제 근로자(비정규직 근로자)에 대해서는 연금, 건강보험 및 기타 많은 부가급부를 제공하도록 기업들에게 요구하지 않으므로, **높은 수준의 부가급부를 제공하는 산업들은** 상대적으로 낮은 수준의 부가급부를 제공하는 산업에 비해 **더 많은 시간제 근로자를 고용하였다.**

출처 : Frank Scott, Mark Berger, and Dan Black, "Effects of Fringe Benefits on Labor Market Segmentation." Industrial and Labor Relations Review 42(January 1989), pp.216-229

기업사례 4-2 **해외기업들도 규모의 경제(효과)를 이용하다**

규모의 경제가 존재하는 산업에서는 제품을 대량으로 생산하는 기업들이 상대적으로 보다 더 작은 평균비용으로 생산하며, 그에 따라 경쟁기업들보다 잠재적인 경쟁우위를 얻게 된다. 최근 두 개의 해외기업들도 그러한 전략을 추구하여 순이익을 증가시켰다.

일본의 Matsushita PDP(Plasma Display Panel) 회사는 8억 3천 1백만달러를 투자하여 세계에서 가장 큰 PDP 생산공장을 건설하였다. (Panasonic과 Toray 기업간의 합작투자인) 그 공장은 2000년대 말까지 매달 250,000개의 PDP를 생산할 것으로 예상된다. 이러한 생산확대 전략은 PDP에 대한 세계적인 수요증가에 대비하고, 경쟁이 증가하는 산업에서 경쟁기업들에 비해 비용감소라는 경쟁우위를 가지려는 기업자체의 의도 때문에 실현되었다.

인도의 자동차 회사인 Maruti Udyog는 규모의 경제가 경영의사결정에서 중요하다는 실질적인(tangible) 증거를 제시하였다. 그 회사는 이러한 규모의 경제를 이용할 수 있는 능력 때문에, 2000년대 중반 그 회사의 순이익이 271%나 증가하였다. 그와 같이 순이익이 크게 증가한 이유는 매출수량의 증가가 30%나 되어 큰 규모의 고정비용을 대량의 생산량에 분산을 시킬 수 있었기 때문이다. 규모의 경제효과로 인한 그 회사의 평균비용 감소는 철강가격의 상승으로 인한 원자재의 비용상승을 상쇄시키고도 더 컸다는 것이 중요한 점이다.

출처: “Matsushita Plans Big Expansion of PDP Manufacturing,” *IDG News Service*, May 19, 2004; “MUL Gains from Cost-Saving Measures,” Sify India, May18,2004.

5 생산요소 조달방법

Ⅰ. 생산요소의 조달방법
- 직접구매
- 계약
- 수직적 결합

Ⅱ. 거래비용
- 전문화된 투자

Ⅲ. 생산요소의 최적 조달방법

Ⅳ. 주인 - 대리인 문제
- 소유자 - 경영자
- 경영자 - 근로자

4장에서는 경영자가 생산비용을 최소화하기 위해 생산요소의 조합을 어떻게 선택할 것인가를 보았다. 그러나 두 가지 중요한 문제가 해결되지 않았다. 첫째, 생산요소의 효율적인 조합을 얻기 위한 최적의 방법은 무엇인가? 둘째, 기업의 소유주는 어떻게 경영자와 근로자들이 갖고 있는 능력을 최대한 확실하게 발휘하도록 할 것인가? 이 장에서 우리는 이 두 가지 문제를 설명할 것이다.

비용함수는 각 수준의 산출량을 생산하는데 소요되는 최저가능비용이라고 정의한다. 기업이 생산요소의 조합을 정확하게 선택한다 하더라도, 기업이 효율적으로 생산요소를 이용하지 못하거나 또는 경영자와 근로자들이 갖고 있는 능력을 최대한 발휘하지 못한다면 기업의 비용은 최저가능비용 보다 클 것이다.

이 장에서는 어떤 기업이 최저비용으로 운용되고 있다는 것을 확실히 하기 위해 그 기업이 이용할 수 있는 기술을 고려한다. 경영자가 생산에 필요한 생산요소를 조달하기 위해 사용할 수 있는 세 가지 방법을 토론함으로써 시작한다: 직접구매, 계약, 그리고 수직적 결합. 비용을 최소화하기 위해 기업은 모든 생산요소를 효율적으로 이용해야 할 뿐만 아니라($MRTS_{KL} = \omega/r$법칙), 생산요소를 구매하는데 최소비용방법을 이용해야만 한다. (1) 직접구매를 통해, (2) 생산요소 공급자와 계약을 맺음으로써, 또는 (3) 기업 내에서 자체적으로 생산요소를 생산함으로써(수직적 결합) 생산요소를 조달하는 방법 중 어느 경우가 최적인가를 설명할 것이다. 이 장의 전반부는 최적의 방법으로 주어진 생산요소의 조합을 얻는데 필요한 정보를 경영자에게 제공한다.

한편, 이 장의 후반부는 기업이 경영자와 근로자를 포함한 노동이라는 생산요소가 어떻게 그들의 능력을 최대한 발휘하도록 할 수 있는지를 살펴 볼 것이다. 이것은 매우 중요한 문제인데, 그 이유는 종종 근로자, 경영자, 기업 소유자간에 이해의 상충이 일어나기 때문이다. 예를 들어, 경영자는 사치스러운 사무실 카펫에 회사의 자금을 사용하려 할지 모른다. 반면, 소유주(주주)는 소유주라는 지위의 힘으로 그들에게 더 높은 이윤을 가져다 주는 방향으로 자금이 투자되기를 원한다. 또는 근로자들은 일(work) 대신 구내식당에서 하루의 대부분을 잡담하면서 보내고 싶어한다. 주주(주인)와 경영자(대리인)의 이해가 상충할 때 주인-대리인 문제가 존재한다고 말한다. 우리는 어떻게 경영자와 근로자에 대한 인센티브제도가 모든 경영자나 근로자들로 하여금 그들이 최상 수준의 노력을 확실하게 발휘하도록 할 수 있는지를 살펴볼 것이다.

I 생산요소의 조달방법

■ 직접구매

- 생산요소의 구매자와 판매자가 만나서 서로 교환한다.

■ 계약

- 생산요소의 구매자와 판매자간의 확장된 관계를 만드는 법률적 서류

■ 수직적 결합

- 기업이 다른 공급업자(판매자)를 피하고 생산요소를 내부적으로 생산하는 것을 선택했을 때

수단별 주요 특징

■ 직접구매

- 계약비용, 수직적 결합비용을 피하고 판매자의 전문화
- '붙잡아두기 문제' 가능성

■ 계약

- 기회주의를 줄이고 전문화된 투자를 아끼는 것을 피하며 판매자의 전문화
- 복잡한 환경에서는 비싸다

■ 수직적 결합

- 기회주의를 줄이고, 계약 비용을 피한다.
- 판매자의 전문화를 잃고 조직비용이 증가할 것이다.

II 거래 비용

- 생산요소의 공급업자를 찾고 거래계약을 협상하는데 드는 비용
- 구성요소
  - 탐색비용
  - 협상비용
  - 추가적으로 필요한 투자 또는 지출
- 거래는 보통 일반적으로 일어나지만 어떤 거래는 특수한 관계를 가진다.

전문화된 투자

- 두 당사자간에 거래가 이루어지도록 하는데 필요하나 다른 곳에서는 가치를 갖지 못하는 지출
- 전문화된 투자의 유형
  - 장소의 특수성
  - 물적자산의 특수성
  - 전용자산
  - 인적자본
- 거래비용의 증가 원인
  - 비싼 교섭
  - 저투자
  - 기회주의와 '붙잡아두기 문제'

III 생산요소의 최적조달 방법

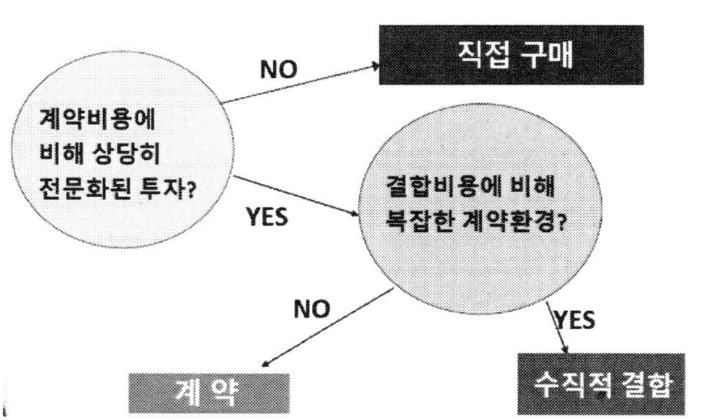

IV 주인(주주) – 대리인(경영자) 문제

- 주인이 대리인의 노력을 관찰할 수 없을 때 발생
  - 예 : 주주는 경영자의 노력을 관찰할 수 없다.
  - 예 : 경영자는 근로자의 노력을 관찰할 수 없다.
- 문제 : 주인은 나쁜 결과가 대리인의 노력부진 때문인지 또는 운(luck)이 나빠서인지 알 수가 없다.
- 경영자는 주주(주인)–경영자(대리인)간의 문제 존재를 인식해야 하고 회사(주인)와 근로자(대리인)의 이익을 일치시키는 계획을 고안해야 한다. 주주는 주주의 이익과 경영자의 이익을 일치시키는 시스템을 만들어야 한다.

주주(주인)–경영자(대리인) 사이의 문제 해결

- 내부 인센티브
  - 성과급 계약
  - 스톡옵션, 연말 보너스
- 외부 인센티브
  - 개인적인 명성
  - 소유(지배) 가능성

경영자(주인)와 근로자(대리인) 사이의 문제 해결

- 이윤공유(profit sharing)
- 수입공유(revenue sharing)
- 성과단위당 보수(piece rates)
- 시간기록계(time clocks)와 현장조사(spot checks)

요약

- 생산요소의 최적 조달방법은 거래비용의 성격과 조달된 생산요소의 특화된 정도에 달려있다.
- 주인 – 대리인 문제를 극복하기 위해 경영자는 주인의 이익과 대리인의 이익을 일치시키는 방안을 고안해 내야 한다.

생활속 사례 주인-대리인문제와 기업지배구조

1. 대리인문제와 대리인비용

기업재무적 관점에서는 기업의 목표를 기업가치나 자기자본가치 극대화에 둔다. 그러면 현대의 기업에서 경영자는 기업가치나 자기자본가치 극대화 목표를 항상 성실히 추구하는가? 현대의 기업제도에서 기업가치나 자기자본가치 극대화 목표의 추구를 저해하는 주요 요인으로 대리인문제(agency problem)를 들 수 있다.

어떤 행위나 의사결정에 있어 주체가 되는 **주인**(principal)이 자신이 직접 행위를 하거나 의사결정을 할 수 없는 경우, 자신을 대신하는 **대리인**(agent)에게 행위나 의사결정을 위임하는 경우가 있다. 이때 대리인에 대한 감시·통제가 완벽하지 않다면 대리인은 주인의 이익에 최대한 봉사하지 않고, 오히려 자신의 이익을 추구할 수 있는데 이러한 현상을 주인-대리인 문제라 한다. 주인과 대리인 사이에 발생하는 이러한 이해갈등의 문제를 **대리인문제**라 하고, 이로 인해 발생하는 제반 비용을 **대리인비용**(agency cost)이라 한다. 가령 법적 소송에 있어 의뢰인과 변호사의 관계나 국가권력에 있어 국민과 정치인의 관계는 대표적인 대리인관계라 할 수 있다. 이때 대리인인 변호사나 정치인이 주인인 법적 의뢰인이나 국민의 이익보다는 자신의 이익을 우선적으로 추구할 수 있다.

현대 기업의 대표적인 제도인 주식회사제도에 있어서 대리인문제는 여러 곳에서 나타날 수 있다. 그중 가장 전형적인 문제는 주주와 경영자 사이에서 나타나는 대리인문제이다. 상당수 기업들은 한 사람의 개인에 의해 소유되고 경영된다. 개인기업은 소규모 사업에 잘 맞으며, 실제로 산업혁명 이전에는 가장 보편적인 기업형태였다. 그러나 대량생산이 이루어지는 현대 경제체제에서는 기업의 규모와 자금소요금액이 엄청나게 커졌다. 예를 들어, 삼성전자는 수조원이 넘는 공장, 기계 등의 유형자산을 보유하고 있다. 이러한 대기업은 소유자에 의해 운영되는 단순한 개인기업의 형태로는 존속하기가 어렵다. 실제로 삼성전자의 주주 수는 50만 명이 넘으며, 이들 주주의 삼성전자에 대한 소유지분은 자신이 보유하고 있는 주식의 수에 비례한다.

주주의 수가 너무 많기 때문에 주주들은 기업의 일상적인 경영에 적극적으로 참여할 수는 없고 경영자를 고용한다. 이러한 구조는 기업의 소유자와 경영자가 서로 다른 집단에 속함을 의미한다. 이렇게 되면 소유자가 직접 경영하는 개인기업과는 달리 기업의 안정성이 훨씬 커진다. 예를 들어, 어떤 주주가 그 회사의 주식을 더 이상 보유하지 않기로 결정할 경우 그 주주는 기업경영에는 전혀 영향을 주지 않고 다른 투자자에게 주식을 매도할 수 있는 제도 때문에 기업의 소유와 경영의 분리가 쉬워진다. 결론적으로 대기업의 경우 기업의 소유권은 수많은 주주들에게 분산되어 있으므로 대기업을 효율적으로 경영하기 위해서는 주주가 아닌 전문경영자가 필요하다. 따라서 소유와 경영이 분리되어 있어 **주주는 소유권**을 가지고 있는 반면,

경영은 대리인인 경영자가 행하게 된다.

그렇다면 경영자들은 정말 주주들의 목표인 기업가치를 극대화시키려고 노력하는가? 즉, 경영자는 과연 항상 주인인 주주를 위해 기업을 경영할 것인가? 실제로 경영자들은 주주들의 목표에 반하는 행동을 하는 경우가 많다. 이처럼 주주와 전문경영자 사이에 이해상충의 가능성 때문에 대리인문제가 발생한다.

2. 대리인비용의 예

주주와 경영자 사이에 발생하는 대리인비용은 크게 간접적 대리인비용과 직접적 대리인비용의 두 가지로 구분된다. 우선 직접적 대리인비용은 경영자가 직접적으로 사용하는 비용을 말한다. 첫째, 경영자에게는 이득이 되나 주주에게는 비용이 되는 직접적 지출이 있다. 예를 들면 경영자의 과도한 보수, 기업에 당장 필요하지 않은 호화스러운 경영자의 사무실, 고급비행기의 구입 등에 소요되는 지출 등을 들 수 있다. 둘째, 경영자를 감시하는 데에도 직접적인 비용이 소요된다. 예를 들면 재무제표의 정확성을 평가하기 위해 외부감사에게 지급하는 비용 등이 해당한다.

간접적 대리인비용은 직접적인 지출은 아니지만 경영자의 행위로 인해 결국 주주가 부담하게 되는 손실을 의미한다. 이러한 예로 과소투자문제 등을 들 수 있다. 위험은 높지만 수익전망이 매우 좋은 투자기회가 있다고 하자. 이 사업에 투자를 하게 되면 미래에 주가가 상승할 것으로 예상되므로 주주는 투자를 원한다. 반면, 경영자는 투자 실패 시 직업을 잃을 가능성이 크므로 투자를 기피하는 경향이 있다. 따라서 주주는 유망한 투자기회를 잃게 되는데 이를 과소투자(under-investment)에 의한 대리인비용이라고 한다.

3. 기업지배구조

그러면 경영자가 전적으로 주주의 이익을 위해 봉사하도록 하는 장치는 무엇인가? 대리인문제를 해결하여 전문경영자가 주주를 위해서 일하도록 하는 제도적인 장치를 **기업지배구조**(corporate governance)라 한다. 기업지배구조의 수단은 크게 내부통제수단과 외부통제수단으로 나누어 볼 수 있다. 우선 내부통제수단으로는 ① 이사회제도, ② 경영자보상 등을 들 수 있고, 외부통제제도로는 ① 법적 규제제도, ② 기업지배권시장, ③ 금융기관의 감시와 기관투자가의 활동 등을 들 수 있다.

내부통제제도로서 기업의 이사회는 주주의 위임을 받아서 경영자를 선발하고 감시할 뿐만 아니라, 이들을 해고하는 보상과 유인을 제공하는 역할을 수행하므로 경영자를 주주의 이익에 부합하도록 통제하는 첫 번째 수단이다. 그리고 경영자가 주주의 이익을 위해서 봉사하도록 하는 두 번째 방법은 경영자에 대한 보상을 재무적 성과 또는 주가와 연계하는 것이다. 즉, 재무적 성과가 높을수록 경영자 보상도 커지므로 경영자의 목적이 주주의 목적과 일치하게 된다. 예를 들어, 경영자에게 기업의 주식을 일정한 가격에 구입할 수 있는 **스톡옵션**

(stock option)을 제공하는 것이다. 셋째, 경영자의 성과는 미래 직업의 전망과도 연계되기 때문에 경영자는 주주를 위해 열심히 일하게 된다. 즉, 재무적 성과가 좋을수록 경영자시장(managerial labor market)에서의 **명성(reputation)**도 높아져서 경영자의 급여가 올라가는 것은 물론이고 여러 기업에서 스카우트 제의도 뒤따른다.

주주의 이익을 보호하는 **외부통제제도**로서 투자자 보호를 위한 **각종의 사법제도**를 들 수 있다. 기업의 투명성과 주주의 이익이 보장되도록 각종 법적인 장치가 마련되어 있다. 또 합병·매수(merger and acquisition: M&A)가 일어나는 **기업지배권시장**도 궁극적으로 주주의 이익을 보호하는 장치라 할 수 있다. 경영자가 주주의 목적을 위해 일하지 않으면 주주는 위임장투쟁(proxy contest)이나 적대적 인수방법에 의해 경영자를 교체할 수도 있다. 위임장 투쟁이란 경영자를 교체하기 위해 다른 사람의 투표권을 위임받아 투표하는 것을 말한다. 적대적 인수란 경영상의 문제 때문에 부실화될 가능성이 높지만 인수 후 잠재적인 이득이 큰 기업을 인수대상기업 경영진의 반대에도 불구하고 기업인수를 추진하는 것을 의미한다. 위임장투쟁이나 적대적 인수를 피하기 위해 경영자는 주가를 높이려고 최대한 노력하게 되며, 이는 곧 주주의 목적과 일치하게 된다. 그 밖에 **기업에 대출을 한 금융기관의 기업에 대한 감시나 각종 연기금, 투자회사 등의 주가상승을 위한 기업통제**도 주주의 이익을 간접적으로 보호하는 장치이다.

기업사례 5-1 비효율적 생산요소 조달 비용

매스텐, 미한, 스나이더의 최근 연구는 생산요소의 조달시 거래비용을 수량화했을 뿐만 아니라 생산요소를 조달하기 위해 경영자들이 부적절한 방법을 이용하는 데 따른 높은 비용을 지적하고 있다.

해군조선기업의 생산요소 조달결정에 대한 이 연구에 의하면, 배의 제조비용 중에서 거래비용이 약 14%정도 차지하고 있다. 따라서 **거래비용**은 배의 제조비용에서 중요한 구성요소이다; 경영자들은 의사결정을 할 때 거래비용을 고려해야 한다. 생산요소를 조달하기 위해 어느 방법을 이용할 것인가를 결정할 때, 거래비용을 주의 깊게 고려하지 않음으로써 치르게 될 비용은 어느 정도인가? 연구자들에 의하면, 잘못된 **수직적 결합**(잘못된 생산요소 조달방법)–즉 다른 기업으로부터 구매했어야 했어야 될 생산요소를 내부에서 자체적으로 생산하는 것–이 평균 70% 정도 거래비용을 증가시켰다. 한편, 기업 내에서 더 효율적으로 생산되었어야 할 생산요소를 **계약**을 통해 구매하게 되어 거래비용이 거의 300% 증가하였다. 생산요소를 조달할 때 최상의 방법을 선택하는 기업의 잠재적 비용절약은 엄청나게 크다

출처: Scott Masten, James Meehan, and Edward Snyder, “The Costs of Organization” *Journal of Law, Economics and Organization*(Spring 1991), pp. 1-25.

기업사례 5-2 석탄과 천연가스 계약기간에 영향을 주는 요소

전문화된 투자(specialized investments)와 계약 환경이 어떻게 **계약기간**에 영향을 주는가에 대해 조사한 두 연구를 소개한다.

조스코는 석탄 광산과 전기 사업간의 계약기간에 미치는 전문화된 투자의 효과를 연구했다. 전문화된 투자의 중요성이 커짐에 따라 기회주의와 교섭에 기인한 거래비용이 증가하고 보다 더 장기의 계약이 바람직하다. 조스코는 **장소 특수성**(전기사업은 석탄 광산에 가까이 위치해야 될 필요성)이 평균 12년 정도의 계약기간을 증가시켰다는 것을 알아냈다. 조스코는 또한 **물적자산 특수성**도 계약기간에 영향을 주었다는 것을 알아냈다. 발전시설은 특정한 유형의 석탄을 태울 수 있도록 설계된 시설을 이용하기 때문에, 저 에너지, 황을 적게 함유한 서부산 석탄을 태울 수 있도록 설계된 공장들은 공급자와 상당히 연계되어 있는데 그 이유는 수송 대안이 거의 없기 때문이다. 한편 고 에너지, 황을 많이 함유한 동부산 석탄을 사용하도록 설계된 공장들은 수많은 공급업자로부터 구매할 수 있었다. 서부산 석탄과 관련된 거래에서는 물적자산 특수성이 더욱 더 현저하기 때문에, 서부산 석탄에 대한 계약은 동부산 석탄에 대한 계약보다 평균 11년 더 길었다.

크로커와 매스턴은 계약환경의 변화가 천연가스정(natural-gas wells)의 소유주와 천연가스 파이프라인 소유주간의 계약기간에 어떻게 영향을 미치는지를 조사했다. 과거 이러한 계약들의 경우 파이프를 설치하고 천연가스정(wells)을 시추(drill)하는 데에 관련된 **전문화된 투자**때문에 **계약기간**이 길었다. 그러나 70년대 초에 두 가지 요소가 계약체결비용에 영향을 주었다. 첫째, 천연가스 판매에 대한 정부의 가격통제로 인해 파이프라인 소유주는 천연가스정 소유주에게 그들이 배송하지 않고자 할 때에는 천연가스의 배송에 동의하는 것과 같은 비가격 계약 조건으로 천연가스정의 소유주에게 보상하게 되었다. 이러한 비가격 협정때문에 계약은 덜 효율적이 되었으며, 계약과 연계된 비용도 증가되었다. 그 결과 가격통제로 인해 계약기간이 평균 14년 정도 줄었다. 둘째, 아랍의 석유수출 금지에 의해 야기된 천연가스 시장에서의 불확실성 증대는 계약체결비용을 증가시켰고 그에 따라 추가로 3년의 계약기간을 줄였다.

출처 : Paul Joskow, "Contract Duration and Relationship-Specific Investments: Empirical Evidence from Coal Markets", *American Economic Review* 77(March 1987), pp.168-85; Keith Crocker and Scott Masten, Mitigating Contractual Hazards: Unilateral Options and Contract Length", *Rand Journal of Economics*19(Autumn 1988), pp.327-43.

기업사례 5-3 자동차 산업에서 생산요소 구매결정의 발전 단계

생산요소 구매시 **직접구매**에서 장기 **계약**관계로 그리고 최종적으로 **수직적 결합(자체생산)**으로 옮겨가는 기업에 관한 흥미있는 설명이 GM–피셔 차체회사간의 관계에 의해 제공된다. 이것은 클라인에 의해 광범위하게 상세히 기록되었다.

20세기 초에 자동차 차체는 상당한 일반적 기술을 가진 직공에 의해 만들어졌으며 처음에는 지붕이 없는 나무로 된 구조물이었다. 그래서 **전문화된 투자**가 비교적 덜 중요했고 GM은 **직접구매**를 통해 자동차의 차체를 구매했다. 자동차 산업이 발달함에 따라 지붕을 씌운 금속 차체가 등장하였다. 그러나 이것은 높은 **물적자산 특수성**을 가져왔는데 그 이유는 차체부문을 압형하는데 매우 전문화된 기계에 대한 투자가 필요하기 때문이다. 기회주의가 없도록 하기 위해 GM과 피셔 차체회사는 자동차 차체의 가격을 결정하고 GM이 피셔 차체회사로부터 지붕을 씌운 금속 차체를 구입하도록 하는 **10년 계약**을 체결했다. 처음에는 이 계약이 잘 운용되어서 당사자들에게 필요한 전문화된 투자를 허용하도록 했다. 그러나 시간이 지남에 따라 원래의 계약은 완전하지 않아서 당사자들이 기회주의로 빠질 기회가 너무 많은 것이 명백해졌다. 예를 들어, 계약에 포함되었던 가격설정방식은 피셔 차체회사에게 노동과 수송비용의 17.6%를 이윤으로 받도록 허용했다. 그 결과 피셔 차체회사는 원거리에 위치한 공장에서 비효율적인 노동집약적 기술을 갖고 생산하는 등 비효율적인 비용을 GM에게 전가하게 되었다. 사후적으로 평가하자면, 두 당사자인 GM과 피셔 차체회사가 그들간의 관계를 통제하는 계약 작성의 어려움을 과소평가 했다. 그 문제는 상세한 계약을 작성하는데 소용되는 시간과 비용을 들이는 대신에 1926년 GM이 피셔 차체회사를 인수함으로써 **수직적으로 결합**했을 때 해결되었다.

출처 : Benjamin Klein, "Vertical Integration as Organizational Ownership: The Fisher Body-General Motors Relationship Revisited". *Journal of Law, Economics and Organization* (Spring 1988), pp. 199-213

기업사례 5-4 성과급

Safelite Glass Corporation의 고용관행에 대한 Lazear의 최근 연구는 인센티브를 적절히 제공하는 것이 얼마나 중요한지 잘 보여준다. 회사가 **시간당 임금**에서 **성과단위당 보수**로 보상체계를 바꾼 후에 근로자의 평균생산량이 거의 50% 증가하였다. 더욱이 근로자의 평균보수는 성과단위당 보수체계하에서 약 10% 증가하였다. 근로자와 기업의 인센티브를 적절히 조정함으로써 기업과 근로자가 모두 이득을 보았다.

성과급 계약은 근로자의 책임이 명확하게 설정될 수 있고 각 근로자의 생산량을 객관적으로 측정할 수 있을 때 가장 효과적이다. 각 개인의 노력을 측정하기 어렵거나 근로자 행동의 중요한 측면을 통제하는 계약을 맺기가 어려울 때에는 성과급체계가 가장 비효율적이다. 예로서 생산과정이 팀에 의해 이루어질 때에는 성과급체계의 장점은 줄어든다. 이 경우 근로자들은 다른 사람의 노력에 무임승차하려는 기대로 게을러진다(이것을 경제학 문헌에서는 "free riding"이라고 한다). 마찬가지로 계약이 불완전할 때에는, 정교한 계약이 오히려 기능이상을 가져올 수 있다. 예로서 근로자들은 그들이 해야 할 일중에서 보상이 이루어지는 측면에만 집중할 것이다.

이러한 이유들로 인해 성과단위당 보수체계와 같은 정교한 계약의 적절성 및 적용범위는 직업별로 다르다. 아래의 표에 나와 있듯이 성과단위당 보수는 생산량을 측정하기 쉽고 질이 상대적으로 덜 중요한(예로서 농업노동) 직업에서 흔히 볼 수 있으며, 질이 중요하거나 성과를 객관적으로 측정하기 어려운 경우에는 찾아보기 어렵다.

〈직업별 청년근로자에 대한 성과단위당 보수비율〉

직업	성과단위당 보수비율
농업노동	16.7
수공업자	3.6
서기	1.3
경영자	0.9

출처: Edward P. Lazear, "Performance Pay and Productivity," *American Economic Review* (December 2000), pp. 1346-61; Canice Prendergast, "The Provision of Incentives in Firms," *Journal of Economic Literature*(March 1999), pp. 7-63.

6 산업구조

Ⅰ. 시장구조
- 기업의 수와 크기(산업 집중도)
- 기술 및 비용조건
- 수요 및 시장조건
- 진입과 퇴출의 용이성

Ⅱ. 기업의 행위
- 가격설정
- 광고
- 연구개발(R&D)
- 인수 및 합병(M&A)

Ⅲ. 기업의 성과
- 이윤
- 사회후생

Ⅳ. 산업구조 분석방법
: 구조-행위-성과 패러다임

기업의 경영자들은 백지상태에서 의사결정을 하는 것이 아니다. 수많은 요소들이 생산량, 가격, R&D지출규모, 광고 등에 대한 경영자의 의사결정에 영향을 미친다. 불행하게도 이들 문제의 해답을 일목요연하게 제시할 수 있는 통일된 이론이나 방법론은 없다. 자동차제조업체의 최적 가격전략은 일반적으로 컴퓨터업체의 전략과 다를 것이며, R&D의 경우는 식품업계와 방위산업이 동일하지 않을 것이다. 이 장에서 우리는 산업간에 존재하는 중요한 차이점을 강조한다. 그리고 이러한 차이가 왜 생기며 이들이 경영자의 의사결정에 어떻게 영향을 미치는 가를 살펴본다.

이 장 내용의 상당부분은 산업별 현황에 대한 것이며 경영자들에게 필요한 "현실"적 측면에 대해 독자들이 이해하도록 하는데 있다. 따라서 다양한 산업의 통계가 제시된다. 예로서 산업별로 각각 몇 개의 기업이 존재하는가, 어떤 기업과 산업이 가장 큰가, 어느 기업이 높은 마크업(초과이윤)을 부과하는가 등의 통계이다.

이 장에 제시된 통계는 시간이 지남에 따라 변화할 것이다. 현재 가장 큰 기업이 40년 뒤에도 가장 큰 기업으로 남아 있을 가능성은 적다. 따라서 여러분이 이 장에서 파악해야 하는 것은 각 산업들이 동일하지 않으며 각각 고유한 특성을 지니고 있다는 사실이다. 마지막으로 가격-비용, 마진, 광고비, 그리고 기업별, 산업별로 기타의 경영의사결정변수들의 체계적인 차이를 발생시키는 요인에 대한 분석이 이루어진다. 이러한 내용은 경영자로서 독자여러분에게 가치있는 지식이 될 것이다. 유능한 경영자는 그가 종사하고 있는 산업에 대한 특성의 변화에 잘 적응한다. 산업의 특성이 변함에 따라 경영자의 최적 의사결정도 변하는 것이다.

I 시장구조

1. 기업의 수와 크기

경영의사결정에 영향을 주는 두 가지 요소로서 기업의 크기와 산업내 기업들 규모의 분포를 들 수 있다. 특히, 산업내 기업규모의 분포란 산업이 다수의 작은 기업들로 이루어졌는지 혹은 소수의 큰 기업들로 이루어졌는지의 여부를 말한다. 소수의 큰 기업들로 이루어진 산업내에서의 의사결정은 다수의 소규모기업이 존재하는 산업에서의 의사결정과 다를 것이다.

몇몇 산업은 소수의 큰 기업이 절대적으로 큰 비중을 차지하고 있으며 어떤 산업들은 다수의 소규모기업들로 이루어져있다. 경제학자들이 산업의 집중도를 측정하는데 사용하는 두 가지 방법에 대해 알아보자.

산업집중도의 측정

■ 4대기업 집중도

가장 큰 4개 기업의 매출이 전체매출에서 차지하는 비중을 나타낸다. Si는 한 기업의 매출을 의미하고 S_T는 산업 전체 매출을 의미한다.

$$C_4 = w_1 + w_2 + w_3 + w_4, \quad \text{여기에서 } w_i = \frac{S_i}{S_T}$$

■ 허핀달-허쉬만(Herfindahl-Hirshman) 지수(HHI)

각 기업의 시장 점유율을 제곱한 숫자를 모두 더하고 여기에다 다시 10,000을 곱한 수치이다.

$$\text{HHI} = 10{,}000 \times W_i^{\,2}, \quad \text{여기에서 } W_i = S_i/S_T$$

예제

- 지역시장에서 경쟁관계에 있는 다섯 개의 은행이 있다. 각각의 은행은 20% 시장점유율을 가지고 있다.
- 4대기업 집중도는?

$$C_4 = 0.2 + 0.2 + 0.2 + 0.2 = 0.8$$

- HHI는?

$$HHI = 10,000((.2)^2 + (.2)^2 + (.2)^2 + (.2)^2 + (.2)^2) = 2,000$$

산업집중도 지수의 한계

- 시장의 정의 : 국가, 지방 혹은 지역
- 국제 시장 : 외국생산자는 제외됨
- 산업의 정의와 제품의 분류

2. 기술 및 비용조건

산업별로 제품과 서비스에 사용되어진 기술적인 측면에서 다르다.

- 몇몇의 산업들은 노동집약적이다.
- 몇몇의 산업들은 자본집약적이다.
- 그 밖의 산업들은 노동과 자본을 조합하여 사용한다.

3. 수요 및 시장조건

- 로스차일드 지수(R)
  - 개별기업의 탄력성에 대한 산업(시장전체)의 수요탄력성 비율

$$R = E_T / E_F$$

- E_T = 시장전체의 수요탄력성 - E_F = 개별기업의 수요탄력성

- 로스차일드 지수 값은 0(완전 경쟁)과 1(독점)사이
  한 산업에 다수의 기업이 있고 각 기업은 유사한 제품을 생산할 때, 로스차일드 지수는 0에 가까워진다.

사례 개별수요 탄력성과 로스차일드 지수

산업	시장수요탄력성	대표기업의 개별수요탄력성	로스차일드지수
식품	−1.0	−3.8	0.26
담배	−1.3	−1.3	1.00
직물	−1.5	−4.7	0.22
의류	−1.1	−4.1	0.27
종이	−1.5	−1.7	0.88
인쇄출판	−1.8	−3.2	0.56
화학	−1.5	−1.5	1.00
석유류	−1.5	−1.7	0.88
고무	−1.8	−2.3	0.78
가죽	−1.2	−2.3	0.52

4. 진입과 퇴출의 용이성

■ 진입장벽

- 필요자본규모
- 특허와 저작권
- 규모의 경제
- 범위의 경제

II 기업의 행위

1. 가격설정

■ 러너지수

$$L = (P - MC) / P$$

- 제품가격에 대한 가격과 한계비용간의 차이의 비율로 측정
- 러너지수는 0 부터 1까지
  P = MC일 때, 러너지수는 0 : 기업은 시장 지배력이 없다.
- 러너지수가 1에 가까우면 비교적 가격경쟁이 작다는 것을 의미 : 기업은 시장 지배력이 있다.

마크업 요인

- 러너지수로부터 기업은 한계비용보다 어느 정도 커야되는가를 결정하는 요인을 알아낼 수 있다.

$$P = \left(\frac{1}{1-L}\right)MC$$

- 마크업 요인은 1/(1 –L).
  - 러너지수가 0(L = 0)일 때, 마크업요인은 1. 따라서 P = MC
  - 러너지수가 0.20(L = 0.20)일 때, 마크업요인은 1.25
    따라서 기업은 한계비용의 1.25배만큼 가격을 설정

사례 러너지수와 마크업배율

산업	러너지수	마크업배율
식품	0.26	1.35
담배	0.76	4.17
직물	0.21	1.27
의류	0.24	1.32
종이	0.58	2.38
화학	0.67	3.03
석유	0.59	2.44

2. 광고

3. 연구개발

〈표 6-1〉 연구개발, 광고 및 이윤의 매출액 대비 비중 (%)

회 사	산 업	연구개발비	광고비	이 윤
Bristol-Myers Squibb	제약	17.0	7.6	10.2
Ford	자동차	4.3	3.1	적자
GoodyearTire and Rubber	고무 플라스틱	1.9	2.0	0.7
Kellogg	식품	1.5	9.0	9.4
Proctor and Gamble	비누 화장품	2.8	10.4	13.5

출처 : 1997년 각 회사의 연간 리포트

4. 인수 및 합병(M&A)

■ 수직적 통합

단일제품의 생산에서 여러 단계가 1개의 기업에 의해 실행될 경우

■ 수평적 합병

유사한 제품을 생산하는 기업들의 합병

■ 복합적 합병

서로 다른 제품의 생산라인들이 하나의 기업으로 통합되는 것

공정거래위원회(미국의 DOJ/FTC)의 수평적 합병에 대한 가이드라인

$$\mathrm{HHI} = 10{,}000\sum W_i^2 \quad W_i = S_i/S_T$$

■ 합병에서 문제가 제기되는 조건:

- HHI가 1800을 초과할 경우 또는
- 합병으로 인해 HHI가 100이상 증가할 경우

■ 그러나..

- 효율성을 인식하라: 인수합병이 경제에 주는 주요 이득은 잠재적인 효율성임. 그것은 고객에게 더 낮은 가격을 제공. 대부분의 경우 가

이드라인은 기업들로 하여금 방해당하지 않고 인수합병을 통해 효율성을 달성할 수 있도록 해준다.

III 기업의 성과

- 성과란 주어진 산업에서의 이윤과 사회후생을 말함.
- 사회후생 = 소비자잉여 + 생산자잉여

Dansby-Willig 성과지수는 한 산업내의 기업들이 사회적으로 효율적인 방식으로 생산을 확대할 경우 사회후생이 어느 정도 증가하는가를 측정.

〈표 6-2〉 Dansby-Willig 성과지수

산업	성과지수
식품	0.51
섬유	0.38
의류	0.47
종이	0.63
화학	0.67
석유	0.63
고무	0.49

Dansby-Willig 성과지수는 산업이 산출량을 변화시킬 때 사회후생이 증가하는 정도에 따라 산업의 순위를 부과할 수 있게 한다. 동지수가 큰 산업은 일정한 산출량을 증가시킬 때 지수가 낮은 산업보다 성과를 더 크게 증가시킬 수 있다. 예로서 위의 〈표 6-2〉에서 화학산업은 동지수가 가장 높다. 이는 화학산업에서 산출량의 조그만 증가는 다른 어떤 산업에서의 변화보다 사회후생을 많이 증가시킨다는 것이다. 섬유산업은 가장 낮은 지수를 보이는데 이는 동 산업의 성과를 올리기가 힘들다는 것을 나타낸다.

활용사례

당신이 섬유산업내의 한 기업의 경영자라고 가정하자. 당신은 산출량을 늘리고 가격을 낮춰야 하는 산업의 1순위로 정부가 섬유산업을 생각하고 있다는 사실을 알게 되었다. 여러분은 어떻게 대응할 것인가?

〈해설〉

당신은 정부위원회에 대하여 〈표 6-2〉에 나온 것처럼 10개 주요 산업 중 섬유산업의 러너지수가 가장 낮아서 마크업이 단지 1달러당 21센트에 불과하다는 사실을 지적해야 한다. 여기에 더하여 섬유산업의 Dansby- Willig지수도 표에 있는 9개 산업중 가장 낮다. 정부가 사회후생을 증가시키려면 따라서 섬유산업보다는 다른 산업의 산출량을 변화시켜야 하는 것이다.

IV 산업구조 분석방법

- 구조- 행위- 성과 (Structure-Conduct-Performance) 패러다임

  : 인과론적 시각

  시장구조 → 행위 → 성과

- 환류효과(피드백효과) 비판
  - 일방적인 인과관계는 없다.
  - 기업의 행위가 시장구조에 영향을 줄 수 있다.
  - 시장성과도 시장구조에 영향을 줄 수 있다.

요약

- 산업구조분석의 현대적인 접근방법은 구조, 행위 및 성과 사이의 상호 관계를 검토
- 산업은 집중도 수준에 따라 크게 차이가 난다.
  - 4개 기업 집중도비율과 허핀달-허쉬만 지수는 산업의 집중도를 측정
- 러너 지수는 기업이 한계비용 이상 설정할 수 있는 가격의 마크업 배율 정도를 측정. 그것은 기업의 시장지배력에 대한 척도이다.
- 산업의 성과는 산업의 이윤과 사회후생에 의해 측정

생활속 사례 시장집중도 측정지표: 허핀달-허쉬만 지수

'PB(Private Brand·대형마트 같은 유통업체가 내놓은 자체브랜드)상품' 하면 무엇이 먼저 생각나나요? 기존 제품과 비교해 품질은 크게 나쁘지 않은데, 가격은 싼 이른바 '미 투 상품(me too · 잘나가는 제품과 유사한 제품)'을 떠올리기 쉽습니다. 또는 우유나 과자 같은 식품이나 화장지와 같은 생필품이 생각나기도 합니다. 그런데 대형마트나 편의점에서 자세히 보면 이 같은 상품들뿐만 아니라 화장품이나 패션상품, 애완용품 PB상품에 가전제품 PB상품도 찾을 수 있습니다. 품질은 일반 제조업체가 생산하는 이른바 'NB제품(National Brand)'과 큰 차이가 없는 경우도 많습니다.

2013년 기준으로 대형마트 3사와 SSM(Super Supermarket · 기업형 수퍼마켓) 3사, 편의점 3사의 판매액을 합산해 보면 우리나라 PB 시장규모는 9조3000억원으로 추정됩니다. 3조6000억원이었던 2008년보다 2배 이상 커졌습니다. 2000년대 후반부터 이어진 경기침체와 소비부진을 생각하면 이 시기 동안 판매액이 크게 늘어난 것은 주목할 만한 현상이라고 할 수 있습니다.

이마트와 롯데마트, 홈플러스 등 우리나라 3대 대형마트를 살펴보면, 2014년 기준으로 전체 판매액에서 PB상품 판매액이 차지하는 비중은 이마트가 19%, 롯데마트와 홈플러스가 26% 수준입니다. 이는 미주대륙을 중심으로 활동하는 크로거(30%), 코스트코(27%), 월마트(15%)와 비슷한 수준입니다. 다만, PB시장이 가장 발달한 유럽을 보면 세인즈버리(51%), 테스코(48%), 아스다(46%) 등 PB 판매비중이 50% 내외의 기업도 많고, 알디&리들의 경우 비율이 82%나 됩니다. 이런 점에서 국내 PB시장은 앞으로도 더 성장할 가능성이 있습니다.

◇ 유통업체 영향력으로 등장한 PB상품

마트에서 상품 하나를 집어 들었다면 그것이 PB제품인지 NB제품인지를 어떻게 구별할 수 있을까요? 그 기준은 ①누가 기획하고, ②누가 생산하며, ③누구의 상표를 붙여 ④어디에서 판매하느냐 등으로 나눠볼 수 있습니다.

이 기준을 차례대로 적용해본다면 PB제품은 '유통기업의 기획에 따라' '제조업체가 생산한 제품에' '유통기업의 상표가 부착돼' '해당 유통 점포에서만 판매되는' 상품으로 정의할 수 있습니다. 만약 대형마트인 이마트에서 '피코크', 롯데마트에서 '통큰', GS25에서 '유어스'와 같은 유통기업 브랜드 상표를 보고 PB라고 얘기한다면, 이는 세 번째 기준에 근거한 것입니다. 그리고 포장지 뒷면의 '유통전문판매원: K마트'라는 표기를 보고 그 상품이 K마트의 PB임을 알아차린다면, 이는 네 번째 기준을 사용한 것입니다.

국내 시장에서 PB상품이 등장할 수 있었던 데는 유통업체들의 막강한 영향력이 자리 잡고 있습니다. 최근 10년간 종합소매업(식료품, 의류, 잡화 등을 종합적으로 판매하는 소매업종)

의 시장 규모는 54조원 증가했는데, 이 중 78%(42조원)는 대형마트·SSM·편의점의 유통기업이 증가시킨 것입니다. 종합소매업 내에서 이들의 판매 비중은 2003년 67.8%에서 2014년 73.1%로 올랐습니다. 이는 제조업체가 만든 상품의 유통에서 유통기업이 차지하는 비중이 증가한 것으로, 유통기업이 제조기업에 대해 갖게 되는 구매자 영향력(Buyer Power)이 한층 강화됐음을 뜻합니다.

앞서 살펴봤던 PB상품의 정의에 따르면, PB는 전통적으로 제조기업이 전담하던 제품 기획·생산·상표 부착의 영역에 유통기업이 개입해야 탄생할 수 있습니다. 이는 유통기업의 강한 구매력과 영향력이 존재해야 가능한 일입니다. 조그만 동네 수퍼가 PB를 출시해 판매하기란 어렵습니다.

◇불황에 알뜰 소비성향 덕으로 성장

PB상품이 빠르게 성장할 수 있었던 것은 경기 불황이 한몫했습니다. 주머니 사정이 넉넉하지 못하니, 소비 심리가 움츠러들고 대신 알뜰하게 소비하려는 성향은 커집니다. 이렇게 되면 비슷한 품질을 갖고 있으면서도 값이 싼 PB상품을 찾는 경우가 많습니다.

이와 함께 PB상품의 공급이 증가한 것도 PB상품을 성장시킨 요인으로 꼽힙니다. 최근 유통기업들은 국내 시장을 놓고 치열하게 경쟁을 벌여왔습니다. **경제학에서는 시장의 집중이나 경쟁 정도를 평가하는 도구로 '허핀달-허쉬만 지수(HHI)'라는 것을 사용합니다. 이 수치는 각 기업의 시장점유율을 바탕으로 산출되는데, 낮을수록 경쟁 정도가 크다는 것을 의미합니다. 우리나라 기업형 유통업체들의 '허핀달-허쉬만 지수(HHI)'를 산출해보면 2006년 이래 꾸준히 감소하는 경향이 나타납니다. 경쟁이 커지고 있다는 얘기입니다.**

이처럼 경쟁이 치열해지는 상황에서 NB상품만 존재한다면 유통기업들은 경쟁에서 살아남기 위해 가격을 내리는 전략을 쓰게 됩니다. 하지만 지나친 가격할인경쟁은 유통마진 감소를 불러오기 때문에 이를 계속하기는 어렵습니다. 반면 PB제품은 유통기업이 제품 결정에 관여하고, 해당 제품을 자기 점포에서만 독점적으로 판매하기 때문에 다른 유통기업 제품과 차별화할 수 있습니다. 이를 통해 안정적인 유통마진을 확보할 수 있게 됩니다. 또 소비자가 특정 PB상품을 선호하게 되면, 이는 특정 점포를 선호하는 것으로 이어져 소비자의 점포 충성도가 높아집니다. 이에 따라 대형마트, SSM, 편의점 업계는 경쟁적으로 PB상품 공급을 확대해 온 것입니다.

◇웃는 유통업계, 우는 제조업계

PB상품의 생산 판매가 확대되면 유통업계와 제조업계는 어떤 경제적 영향을 받게 될까요. 한국개발연구원이 최근 발표한 '대형 유통업체 자체상품 확대의 경제적 효과에 관한 연구'에 따르면 유통 점포의 경우 PB 매출 비중이 1%포인트 상승하면 해당 점포의 매출액이 평균 2230만원 증가하고, 유통 이익은 270~900만원 증가하는 것으로 나타났습니다.

반면 제조업계의 상황은 반대였습니다. 제조 대기업의 경우 PB 매출 비중이 1%포인트 증가할 때 기업 매출액이 약 11억원 감소하는 경향이 나타났습니다. 또 납품 제조업체 1000곳을 면접 조사한 결과 PB 매출 비중 증가로 인해 기업 매출액이 전반적으로 감소한 경향이 나타났습니다.

PB상품의 매출은 증가했지만, PB와 경쟁하게 된 자사 NB상품의 매출이 감소한 것이 영향을 끼친 것으로 분석됩니다. 소위 자기잠식효과 또는 제 살 깎아먹기효과가 나타난 것입니다. 이처럼 PB상품에는 다양한 경제 지식이 녹아있습니다. 대형마트에서 PB상품 하나 사면서 이 같은 얘기를 해보는 것도 좋은 경제 공부가 될 것 같습니다.

5년만에 매출 16배… 쑥쑥 큰 편의점 PB

매출비중 28%, 대형마트 앞질러… 1인 가구 위한 간편식 등이 비결

대형마트, SSM(기업형 수퍼마켓), 편의점 가운데 지금까지 PB(Private Brand·자체브랜드) 시장의 성장을 주도해 온 것은 대형마트입니다. 이마트, 롯데마트, 홈플러스 간 치열한 경쟁 속에 대형마트 3사는 PB 매출을 2008년 3조2000억원에서 2011년 5조8000억원으로 꾸준히 증가시켜 왔습니다. 그런데 최근 그 성장세가 조금씩 둔화되고 있습니다. 2013년 대형마트 3사의 매출액은 5조6400억원으로 마이너스 성장을 기록했습니다. SSM과 편의점도 PB시장에 뛰어들면서 경쟁이 치열해지고 있는 점이 이유로 꼽힙니다.

2017년 현재의 PB시장 성장을 주도하는 곳은 편의점 업계입니다. GS25·세븐일레븐·CU 등 편의점 3사는 PB상품 매출액을 2008년 1600억원에서 2013년 2조6000억원으로 무려 16배나 키웠습니다. 또 PB상품 매출 비중은 같은 기간 4%에서 28%로 끌어올렸습니다. 매출 비중 면에서는 대형마트(22%)와 SSM(26%)을 넘어섰습니다. 이는 편의점이 대형마트·SSM과 달리 점포를 늘리는 것에 제약을 받지 않아 점포 수가 많이 늘어난 데다, 24시간 영업과 간편식 위주의 PB상품 출시로 동네 상권과 1인 가구의 수요를 충족시킨 영향이 큽니다.

아직은 PB상품이 NB(National Brand·제조업체 브랜드)상품의 특성을 약간 변형했거나, NB상품에서 포장 형태만 바꾼 미 투(me too·잘나가는 제품과 유사한 제품) 상품인 경우가 많습니다. 하지만 이처럼 미 투 상품 위주의 PB 시장은 커질 만큼 커져 추가 성장은 더딜 것으로 보입니다.

대신 고급화 · 차별화되는 방향으로 생산 · 판매될 가능성이 큽니다. 또 가구나 문구 전문점처럼 전문 소매업에서 PB상품이 출현해 비중을 높여갈 가능성도 있습니다. PB제품은 유통기업의 영향력이라는 조건이 갖춰지면 어느 품목에서나 등장할 수 있기 때문입니다.

조선경제(2017년 20월 23일)

기업사례 6-1 2007년도 북미 산업분류체계
(The 2007 North American Industry Classification System (NAICS)

산업분류체계는 미국내의 여러 산업에 대한 정보를 제공한다. 예로서 여러분이 송수신기를 파는 사업을 시작하려 하면 그 산업내에 몇 개의 회사가 영업을 하고 있는가를 알아야 할 것이다. 혹은 그 산업에 종사하는 종업원의 수나 총매출액 등에 대해 알고 싶을 것이다. 이러한 문제와 다른 관련문제에 대한 답은 분류체계를 활용하여 얻을 수 있다.

북미산업분류체계는 NAFTA 회원국인 미국, 캐나다, 멕시코의 표준화된 산업분류체계이다. 동 체계는 6단위 코드를 이용하여 산업을 20개의 섹터로 분류한다. 앞의 5개 단위는 3개국에 공통이므로 이를 이용하여 3개국의 산업추세를 비교할 수 있다. 6번째 단위는 국가별로 고유한 특성을 나타낸다.

6개 단위 북미산업분류체계는 다양한 분류의 특정성을 포함한다. 앞의 두 단위는 경제섹터를 나타낸다. 3번째 단위는 하위섹터를 나타낸다. 4번째 단위는 산업그룹, 5번째 단위는 북미산업분류산업, 6번째 단위는 국가별 산업을 나타낸다. 가장 광범위한 분류는 2개 단위 분류로서 산업들을 20개의 섹터별로 분류한다. 6개 단위 코드는 가장 자세한 정보를 제공한다.

예로서 어느 미국기업이 NAICS 코드 512131을 부여받았다고 하자. 표에서 나타난 것처럼 처음 2자리(51)는 기업이 정보부문에 속함을 나타낸다. (아주 넓은 분류로서 정보부문에서는 TV, 라디오, 신문 및 통신이 포함된다). 처음 3자리(512)는 좀 더 구체적으로 동 기업이 영화 및 음향녹음부문에 속하는 것을 나타낸다. 처음 4자리(5121)는 보다 더 구체적으로 동 기업이 영화 및 비디오산업에 속함을 나타낸다. 5자리수(51213)로부터 우리는 동 기업이 영화 및 비디오상영산업에 속한다는 사실을 알게 된다. 6자리수(512131)로부터 우리는 기업이 미국에서 영화관(Motion Picture Theaters except Drive-Ins)이라고 부르는 산업에 속함을 알 수 있다.

NAICS 수준	NAICS 코드	산업
부문	51	정보
하부부문	512	영화 및 음향녹음
산업그룹	5121	영화 및 비디오
산업	51213	영화 및 비디오상영
미국 산업	512131	영화관 (드라이브인 제외)

기업사례 6-2 개별기업의 수요탄력성과 시장수요탄력성

일반적으로 개별기업의 제품에 대한 수요는 산업전체의 수요보다 탄력적이다. 산업내에 한 기업만 존재하는 독점의 경우는 예외인데 이 경우 기업에 대한 수요는 바로 산업전체수요이다. 개별기업제품에 대한 수요는 산업전체수요보다 얼마나 더 탄력적인가?

다음의 표는 이 질문에 대한 답을 제공한다. 표의 두 번째 행은 시장수요의 가격탄력성인데, 이 탄력성은 산업전반의 가격변화에 대한 산업수요의 변화정도를 나타낸다. 3번째 행은 개별기업의 수요의 가격탄력성이며 따라서 개별기업제품에 대한 수요가 그 제품의 가격변화에 얼마나 민감한가를 나타낸다. 표로부터 농산품의 시장수요탄력성이 −1.8임을 알 수 있다. 이것이 의미하는 것은 가격이 산업전반적으로 1%상승할 때 농산품의 총수요는 1.8%감소한다는 것이다. 이와 대조적으로 농업에서 대표기업의 제품에 대한 수요탄력성은 −96.2이다. 따라서 기업이 가격을 1%인상하면 수요량은 96.2%나 대폭 감소한다. 농업에서 개별기업제품에 대한 수요는 아주 탄력적인데 이것은 유사한 대체품을 판매하는 수많은 기업이 있기 때문이다. 산업내 제조업체간 경쟁이 심할수록 개별기업제품에 대한 수요는 더욱 더 탄력적이 된다.

〈미국 산업별 시장수요탄력성 및 개별 대표기업의 수요탄력성〉

산업	시장수요탄력성	개별 대표기업의 수요탄력성
농업	−1.8	−96.2
건설업	−1.0	−5.2
내구재제조업	−1.4	−3.5
비내구재제조업	−1.3	−3.4
운송	−1.0	−1.9
통신및유틸리티	−1.2	−1.8
도매업	−1.5	−1.6
소매업	−1.2	−1.8
금융	−0.1	−5.5
서비스업	−1.2	−26.4

출처 : Mathew D. Shapiro. "Measuring Market Power in U.S. Industry," *National Bureau of Economic Research,* Working Paper No. 2212, 1987.

기업사례 6-3 컴퓨터 산업에서 시장구조의 변화

산업은 시간에 걸쳐 극적으로 변화할 수 있다. 변화의 과정 동안, 주어진 산업은 **독점, 과점, 독점적 경쟁, 그리고 완전경쟁**을 포함하는 단계를 겪을 수 있다. 이러한 이유로, 당신이 대학 졸업 후에 독점기업에서 일할 것이라는 것을 알고 있다 하더라도, 4가지 시장환경에서 어떻게 결정을 할 것인가를 이해하는 것은 중요하다. 컴퓨터 산업의 변화에 대한 다음의 설명은 당신에게 이러한 필요성을 확신시켜 줄 것이다.

1960년대에, 몇 개의 큰 기업들이 대학, 과학 싱크탱크, 그리고 큰 업무 응용을 위해 메인프레임 컴퓨터를 생산했다. 각 컴퓨터는 전적으로 특정 목적을 위해 고안되었고 그것의 제조비용은 종종 10만달러 이상이었다. 각 컴퓨터는 자신의 표준을 유지하고 있었기 때문에, 수리가 필요한 고객의 컴퓨터는 최초의 제조업자에게 가게 되거나 그렇지 않으면 버릴 수밖에 없었다. 이것이 컴퓨터를 생산하는 몇 개의 회사들이 고객 기반을 가지면 사실상 **독점**자로서 행동하도록 하게 했다. 초기의 컴퓨터 기업들은 50퍼센트 내지 60퍼센트의 높은 수익성을 누렸다. 이와 같이 높은 수준의 이윤이 여러 새로운 기업들로 하여금 컴퓨터 시장에 진입하도록 했다.

진입과 함께 증가된 경쟁 때문에 메인프레임의 크기를 줄이고, 생산비용을 낮추고, 고객들에게 가격을 낮추는 방향으로 기술혁신이 이루어졌다. 새로운 경쟁자들과 제품들의 유입이 컴퓨터 시장을 **과점** 유형의 시장구조로 만들었다. 그 결과, 각 기업은 경쟁자들과 그들의 행동에 대해 정확히 알게 되었다. 반면, 각 기업은 각 사용자를 위한 전문화된 하드웨어와 소프트웨어에 매달리고 있었다. 컴퓨터의 전문화된 특성 때문에, 소비자들은 컴퓨터를 업그레이드할 때 여전히 최초 구매의 영향하에 있게 되었다. 그러나, 최초 기계의 가격이 새로운 환경에서 더 낮기 때문에, 최초의 구매계약을 취소하고 다른 회사제품으로 변경하는 비용이 줄어들었다. 물론, 컴퓨터 생산 기업들은 이러한 사실을 인식하고 더욱 치열하게 경쟁하였다. 1970년대에, 더 낮은 가격과 더 치열한 경쟁의 결합이 20퍼센트 내지 40퍼센트 수준으로 수익률을 감소시켰다.

1980년대는 이전에 컴퓨터를 살 여유가 없었던 많은 중간 규모의 기업들이 개인용 컴퓨터를 구매할 수 있게 되었다. PC와 함께 워크스테이션과 미니컴퓨터가 출시되었다. 수익률은 1970년대에 떨어졌지만, 1980년대에도 새로운 진입을 불러올 만큼 아직도 충분히 높았다. 1980년대의 컴퓨터 시장은 약간씩 다른 유형의 컴퓨터를 생산하는 몇 개의 큰 기업들과 많은 작은 기업들로 이루어진 **독점적 경쟁시장**을 닮았다. 많은 개인들과 규모가 작은 기업들도 컴퓨터를 구매할 여유가 생겼다. 더 많은 기업들이 시장에 진입함에 따라, 수익성은 매우 많이 떨어지고 모방 기업들이 컴퓨터 시스템을 개방하기 시작했다; 그래서, 많은 부품들이 기계들 간에 호환될 수 있었다. 아직도 경제적 이윤(초과이윤)을 여전히 얻고 있었다. 그러나 이윤은 약 10퍼센트 내지 20퍼센트로 떨어졌다.

1990년대에 컴퓨터 생산기업들은 이윤율을 유지하기 위해 제품차별화를 시도하였다. 이러한 전략은 제한된 성공을 거두었는데, 1990년대의 오픈 시스템은 컴퓨터산업의 각 수준에서 기술을 표준화시켰다. 2000년대 초반이 되면 컴퓨터는 **완전경쟁시장**처럼 시장에서 사고파는 상품이 되었다. 그 결과 개인용 컴퓨터 제조업체들에게 거의 유일한 차별화전략은 가격뿐이었다. 가격경쟁의 결과 Dell이나 Gateway 같은 핵심 업체들을 포함한 기업들의 이윤이 줄어들었다. 21세기의 초반 10년에 걸쳐서 몇몇 기업들은 컴퓨터의 직접판매를 포기하고 소매업자에게 컴퓨터를 공급하는 방식으로 전환하게 되었다. 이윤이 크게 줄어서 퇴출과 합병이 이어지고 있다. 앞으로 10년간도 산업구조가 변할 것은 확실하다. 컴퓨터산업은 동태적인 산업구조변화의 좋은 예이다.

출처 : Simon Forge, “Why the Computer Industry Is Restructuring Now”, *Futures* 23(November 1991), pp. 960-77. “Gateway CEO Out after Profit Miss,” *Ecommerce Times*, November 26,2006: 각 회사의 연보

7 완전경쟁시장, 독점시장, 독점적 경쟁시장

Ⅰ. 완전경쟁시장

- 특성
- 신규진입의 영향

Ⅱ. 독점시장

- 독점력의 원천
- 독점이윤의 극대화
- 장단점

Ⅲ. 독점적 경쟁시장

- 이윤극대화
- 장기적 균형
- 최적의 광고의사결정

6장에서 우리는 산업의 특성에 대해 조사해본 결과, 산업의 시장구조, 기업의 행위, 기업의 성과가 각 산업마다 다르다는 것을 보았다. 이 장에서는 (1) 완전경쟁, (2) 독점, (3) 독점적경쟁의 환경에서 최적의 가격과 산출량, 그리고 광고 등과 같이 경영자의 의사결정을 알아본다. 8장과 9장에서는 과점에서 의사결정에 대해 분석할 것이고 그리고 10장에서는 더 정교한 가격설정전략을 조사할 것이다. 이 장에서 제시된 개념을 이해한다면 여러분은 어떤 환경에서도 기업을 경영할 수 있도록 준비될 것이다.

경영자의 산출량 결정에 대한 분석이 가장 기본적인 경우이기 때문에, 가장 단순한 경우-경영자의 결정이 시장가격에 어떤 영향도 미치지 않는 상황-부터 시작하는 것이 논리적이다. 따라서 이 장에서는 우선 완전경쟁 시장에서 경영자의 산출량 결정에 대해 분석할 것이다. 다음으로는 시장지배력을 가진 기업의 산출량 결정에 대해 분석할 것이다: 독점과 독점적 경쟁. 이 장에서의 분석은 다음 8장에서 유용한 분석의 토대를 제공한다.

I 완전경쟁시장

1. 완전경쟁의 조건

- 많은 구매자와 판매자들
- 균일 (동일) 제품
- 시장의 양쪽 모두에 완전한 정보
- 거래비용 없음
- 진입과 퇴출의 자유

2. 완전경쟁의 주요 의미

- 기업은 "가격 수용자" (P=MR)
- 단기적으로 기업은 이윤을 얻거나 손실을 본다.
- 진입과 퇴출로 인해 장기적으로 이윤(초과이윤)은 0으로 된다.

3. 비현실적? 왜 배워야하나?

많은 중소기업들은 '가격수용자'이다. 그러한 기업들의 의사결정규칙은 완전경쟁기업들의 의사결정규칙과 거의 유사하다.

그것은 유용한 벤치마크이다.
정부가 독점을 반대하는 이유를 설명한다.
완전경쟁여건하에서 경영자에 대한 위험:
- 제품 차별화의 중요성
- 지속 가능성

4. 완전경쟁기업(또는 가격수용기업)의 경영

(1) 가격설정

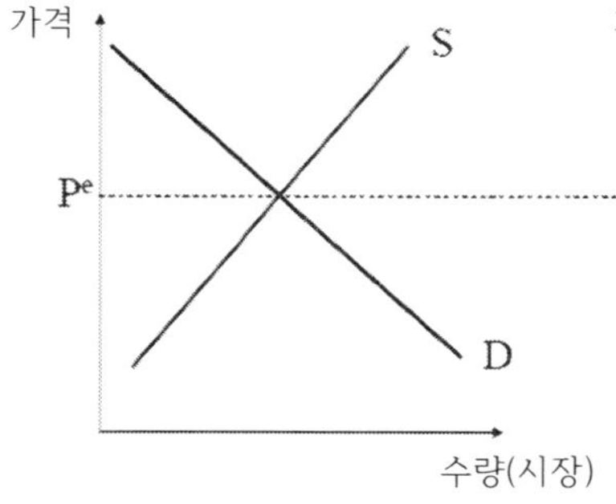

〈그림 7-1〉

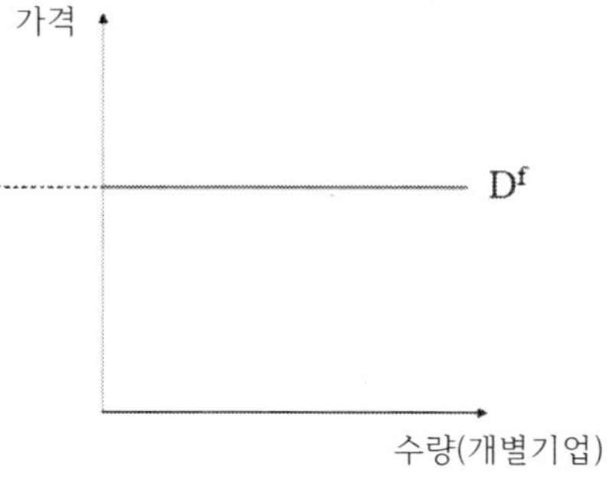

〈그림 7-2〉

(2) 이윤극대화 생산량결정

MR=MC (한계수입 = 한계비용)

MR=P (한계수입 = 가격)

이윤을 극대화하기 위해 P=MC로 가격설정.

(3) 이 기업은 단기적 손실유지 ? 또는 기업폐쇄 ?

▪ 기업폐쇄결정 규칙

- 만약 영업손실이 고정비용보다 작다면 이윤극대화 기업은 계속 영업을 해야 한다. (단기적 영업손실을 유지해야 한다)

- 영업을 지속할 경우의 손실은 영업을 중단할 경우의 손실보다 더 작기 때문임.

- 의사결정 규칙 :

- 기업은 P < 최저 AVC일 때 영업중단(기업폐쇄).
- P ≧ 최저 AVC (평균가변비용)이라면 계속 영업.

(4) 완전경쟁시장에서의 장기균형

- P = MC
- P = AC(평균비용)의 극소점
  → 산출량 결정

II 독점시장

- 독점력의 원천
  - 규모의 경제
  - 범위의 경제
  - 비용보완성
  - 특허 및 기타 법적 장벽
- 독점이윤의 극대화
  - P > MR = MC
  - 공급곡선의 부재
- 단점
  - P > MC
  - 완전경쟁시장에 비해 가격은 더 높고 생산량은 더 작음
    → 경제적 손실(소비자잉여와 생산자잉여 손실)

III 독점적 경쟁시장

1. 독점적 경쟁시장에서의 기업의 경영

독점기업처럼, 독점적 경쟁기업의 경우

- 한계비용(MC)이상으로 가격(P)을 설정할 수 있는 시장 지배력이 있다.

- 생산량 수준은 기업이 설정하는 가격에 따라 다르다

그러나

- 독점적 경쟁시장에서는 여러 가지 다른 브랜드가 존재하므로 독점의 경우보다 당신 기업의 수요가 보다 더 탄력적이 된다.
- 진입과 퇴출의 자유는 이윤가능성에 영향을 준다

따라서 독점적 경쟁기업은 제한된 시장 지배력을 가진다

2. 기업의 이윤극대화

독점기업처럼 이윤을 극대화하라.

- 산출물을 MR=MC 인 곳에서 생산하라
- 그 생산량과 상응하는 수요곡선상의 가격을 부과하라

3. 장기적 조정과정

산업이 실제로 독점적 경쟁이라면 자유로운 진입이 가능하다.

- 이 경우 다른 "욕심 많은 자본가들"이 진입하게 되고, 그들의 새로운 브랜드는 시장점유율을 빼앗는다.
- 이로 인해 이윤(초과이윤)이 최종적으로 0이 될 때까지 당신의 제품에 대한 수요는 감소한다.

4. 장기적 독점적 경쟁시장의 단점과 장점

■ 장점 (고객)

- 제품의 다양성

■ 단점 (사회)

- P > MC (가격 > 한계비용)

- 초과생산능력
  - 이용되지 않은 규모의 경제

■ 단점(경영자)

- P=ATC > 평균비용의 최저점
  (장기에서는) 이윤이 0
  → 생산량 결정

5. 최적의 광고의사결정

광고는 시장지배력을 가지고 있는 기업들의 제품차별화를 위한 한 가지 방법이다.

■ 독점기업은 진입위험에 직면하지 않을 것이다.
(만약 특허나 다른 진입장벽이 제거되지 않는다면)

■ 독점적 경쟁기업은 다른 기업들이 복제하는 것을 예상해야 한다. 그래서 이윤은 시간이 경과함에 따라 감소할 것이다.

요약

- 완전경쟁시장에서 영업하는 기업은 시장가격을 주어진 것으로 받아들인다.
  - P=MC인 곳까지 산출물을 생산하라.
  - 기업은 단기적으로 이윤이나 손실을 가질지 모른다.
  - 그러나 장기적으로는 진입이나 퇴출로 인해 이윤이 0이 된다
- 이와 대조적으로,
  독점력의 원천이 제거되지 않는 한 독점기업은 영구적인 이윤을 얻는다.
  독점적 경쟁기업은 단기적으로는 이윤을 얻으나, 장기적으로 경쟁브랜드의 진입으로 인하여 시간이 경과함에 따라 이들 이윤은 잠식될 것이다.

생활속 사례 허생전과 독점

1. 허생전?

'허생전'은 조선시대 실학자인 박지원(1737~1805)이 쓴 열하일기(熱河日記) 10권 중 옥갑야화(玉匣夜話)부분에 실려있는 풍자소설이다. '열하일기', '연암집(燕巖集)', '과농소초(課農小抄)' 등을 지은 박지원은 홍대용, 박제가 등과 함께 북학파(北學派)로 불리어지며 조선보다 발전된 청나라의 문물을 받아들여야 한다고 주장하는 등 이용후생(利用厚生)의 실학(實學)을 강조한 인물이다. 박지원은 '허생전'을 통해 당시 집권층인 사대부층의 허위를 비판하기도 하였다.

2. 독점은 '허생전'에서 어떠한 모습으로 나타나고 있을까?

허생은 만 냥을 얻게 되자 다시 자기 집에 들르지도 않고 바로 안성으로 내려갔다. 안성은 경기도, 충청도 사람들이 마주치는 곳이요 삼남의 길목이기 때문이다. 거기서 대추, 밤, 감, 배, 석류, 귤, 유자 등의 과일을 모조리 두 배의 값으로 사들였다. 허생이 과일을 몽땅 사들였기 때문에 온 나라가 잔치나 제사를 못 지낼 형편에 이르렀다. 얼마 안가서, 허생에게 두 배의 값으로 과일을 팔았던 상인들이 도리어 열 배의 값을 주고 사 가게 되었다. 허생은 길게 한숨을 내쉬었다. "만 냥으로 온갖 과일의 값을 좌지우지했으니, 우리나라의 형편을 알 만하구나."

그는 다시 칼, 호미, 포목 따위를 가지고 제주도에 건너가서 말총을 모두 사들이면서 말했다. "몇 해 지나면 나라 안의 사람들이 머리를 싸매지 못할 것이다." 허생이 이렇게 말하고 얼마 안 가서 과연 망건 값이 열 배로 뛰어올랐다.

3. 독점이란?

허생이 독점시장의 특성을 이용하여 많은 돈을 벌고 있음을 알 수 있다. 그렇다면 과연 독점이란 무엇일까? **독점이란 재화나 서비스의 공급이 오로지 한 기업에 의해서만 이루어지는 것을 말한다. 이렇게 재화나 서비스를 시장에 독점적으로 공급할 수 있는 기업(독점기업)은 경쟁해야 할 기업이 따로 없으므로 공급하는 재화와 서비스의 가격을 마음대로 결정할 수가 있다.** 결국 독점기업은 시장에서 형성된 가격을 수동적으로 받아들이는 가격수용자(price taker)가 아닌 가격을 직접 설정하는 가격형성자(price maker)로 역할을 한다. 따라서 독점기업은 시장에 충분한 경쟁이 있을 때 형성되는 가격(완전경쟁가격)보다 더 높은 가격을 받으려 할 것이고, 이는 결과적으로 독점기업의 이윤이 완전경쟁시장의 기업들이 누리는 이윤보다 더 크게 되는 결과를 초래한다.

4. 허생은 어떻게 독점시장의 특성을 이용하고 있을까?

허생은 대추, 밤, 감, 배, 석류, 귤, 유자 등의 과일을 평상시 가격의 두 배로 모두 사들였다. 시장에서 거래되는 과일들을 모두 산 것이다. 이것은 허생이 과일시장의 유일한 공급자가 되었다는 것을 의미한다. 다시 말해 허생은 과일시장의 독점적 공급자가 된 것이다.

과일의 독점적 공급자가 된 허생이 시장에 과일을 공급하지 않게 되자 시장의 과일가격은 급속히 올랐다. 잔치나 제사에 쓸 용도로 과일을 사고자 하는 사람들의 수요는 크게 변하지 않았지만 과일의 공급은 허생이 제한하였기 때문이다. 이처럼 허생은 독점력을 이용하여 열 배 이상의 가격을 받고 과일을 팔 수 있었던 것이다. 허생이 말총을 모두 사들여 망건 값을 오르게 한 후 큰 이익을 본 것도 마찬가지 사례라 할 수 있다.

5. 허생이 누리는 초과이윤은 어디서 온 것일까?

허생에게서 다시 10배의 가격을 지불하고 과일을 구입한 상인들은 분명 그 과일들을 자신들이 구입한 가격(10배) 이상으로 소비자들(잔치나 제사에 쓰려고 과일을 사는 사람들)에게 다시 판매할 것이다. 왜냐하면 그 상인들도 과일을 팔아 이윤을 남겨야 하기 때문이다. 이 경우 소비자들은 원래 싸게 살 수 있었던 과일을 단지 독점시장이 형성되었기 때문에 11배 혹은 12배 등의 가격을 지불하고 사야만 하였을 것이다. 이처럼 독점시장이 형성되면 소비자들의 후생은 감소하게 되고 감소한 후생의 일부는 허생과 같은 독점 공급자에게 이전되게 된다.

일반적으로 독점시장의 가격은 완전경쟁시장의 가격보다 더 높으며, 독점시장의 공급량은 완전경쟁시장의 공급량보다 더 적게 된다. 그리고 독점가격은 독점기업에게는 최대의 이윤을 보장해주지만 소비자들은 경쟁시장의 가격보다 높은 가격을 지불해야 하므로 후생의 손실을 보게 된다.

6. 독점의 폐해를 줄이기 위해서는 어떻게 해야 할까?

여러 가지 방법이 있을 수 있지만 진입장벽을 없애 경쟁을 활성화시키거나 외국과의 자유무역을 활성화시키는 것도 좋은 방법이 될 수 있다. 만일 허생전에서 조선의 과일시장이 대외에 개방되어 있어 가까운 청나라나 왜국에서 자유로이 과일을 수입할 수 있을 경우, 주변나라인 청나라나 왜국의 과일 공급자들이 높은 이윤을 쫓아 조선에 과일 수출을 증대시켰을 것이다. 그리고 늘어난 과일 공급은 조선의 과일 가격을 다시금 떨어뜨렸을 것이다. 이처럼 진입장벽이 낮거나 자유무역이 이루어지는 경우는 정부가 시장에 직접 개입하여 독점의 폐해를 줄일 수 있다.

또한 정부가 시장에 직접 개입하여 독점의 폐해를 규제하는 방법도 있다. 예를 들어, 우리나라의 경우 **공정거래위원회**(Fair Trade Commission)가 '독점규제 및 공정거래에 관한 법률'에 근거하여 시장지배적 사업자가 우월적 지위를 이용하여 폐해를 발생시키는 것을 규제하고 있다.

허생을 통해 당시의 사회경제적 불합리를 비판하고자 했던 박지원이 만약 오늘날 살아 있었다면 시장주의자가 되어 있지는 않았을까?

생활속 사례 독점의 사례

석유 재벌 존 록펠러, 평생 현재가치로 145조원 기부

존 록펠러, 석유산업 95% 독점, 경쟁업체 퇴출 또는 합병 무자비.

록펠러 센터, 뉴욕현대미술관에 유엔본부 땅도 가문에서 기증

지난 2007년 미국 경제지 '포천'은 미국 역대 최고 갑부로 19세기 석유재벌 존 록펠러를 선정했다. 미국 국내총생산(GDP)에 대한 개인자산의 비율을 시대별로 산출한 결과, 록펠러는 사망 당시인 1937년 GDP의 1.54%에 해당하는 14억 달러를 보유했다. 현재가치로 환산하면 현재 세계 최고 부자인 빌 게이츠 재산의 3배가 넘는 돈을 벌었다고 한다.

존 록펠러는 1870년 '스탠다드 오일(Standard Oil)'을 공동 창업, 10여년 만에 미국 석유 산업의 95%를 독점하며 막대한 부를 축적했다. 그는 철도 수송망을 장악, 경쟁기업에 차별적 운송요금을 적용하면서 경쟁업체를 시장에서 퇴출시키거나 합병, 제휴하는 등의 방법으로 미국내 석유산업을 장악했다. 저가 공세로 경쟁사를 차례차례 무너뜨리는 등 온갖 편법과 불법을 서슴지 않아 그의 재산에는 항상 '더러운 돈'이라는 꼬리표가 붙어 다녔다. 원한을 산 사람이 얼마나 많았던지 그는 항상 침대곁에 총을 두고 잤다고 전해진다. 결국 미국정부는 1911년 독점금지법(Anti-trust act)을 만들어 '스탠다드 오일'을 34개사로 쪼갰다. 그 결과 지금의 엑손모빌, 셰브런 같은 굴지의 석유기업이 생겨났다.

하지만 현재 존 록펠러는 '악덕 기업가'보다는 '위대한 자선사업가'로 회자된다. 막대한 기부를 하면서 무자비한 자본가라는 오명(汚名)을 씻었다. 그가 살아서 기부한 돈은 5억 3000만달러로, 미국 GDP에서 록펠러 재산이 차지했던 비중을 감안하면 현재가치로 1,280억달러(약 145조원)에 달한다. 1913년 당시 5,000만달러를 기부하여 세계 최대 재단인 록펠러 재단 (The Rockefeller Foundation)을 세운 것을 시작으로 록펠러 의학연구소, 시카고 대학, 록펠러 센터 등에 자신의 엄청난 재산을 쏟아 부었다. 뉴욕 중심가 알짜배기 땅의 뉴욕 현대미술관(MoMA)과 링컨센터 역시 록펠러 가문의 후원으로 세워졌고, 유엔본부 땅도 록펠러 가문이 기증했다.

록펠러 가문 사람들은 막대한 부(富)를 기반으로 다른 명문가와 혼맥을 형성하면서 정계에도 진출했다. 존 록펠러 주니어의 둘째 아들 넬슨 록펠러는 공화당 출신으로 41대 부통령을 지냈다. 넬슨 록펠러는 수차례 대권에 도전했지만, 리처드 닉슨 등 공화당 유력 후보에게 밀려 대선 후보에서 낙마했다. 부통령이 된 후에는 록펠러 가문의 막대한 재산이 부각되면서 오히려 정치적 입지가 약화됐으며 1977년 결국 정계에서 은퇴했다. 넬슨 록펠러의 동생인 윈스롭 록펠러는 아칸소 주지사를 지냈다. 록펠러 가문은 전통적으로 공화당을 지지하지만 존 록펠러 3세의 아들인 제이 록펠러는 민주당 출신으로 미 버지니아주 상원의원에 당선됐다. 제이 록펠러는 2년전 정계은퇴를 선언했다. 〈조선일보 2016년 7월 16일〉

기업사례 7-1 프랑스 자동차업체 Peugeot-Citroen: 중국 자동차 시장에서 가격수용자

국제시장에서의 경쟁은 종종 국내시장에서의 경쟁보다 치열하다. 특히 제품차별화보다는 가격이 소비자들의 구매의사결정에 크게 영향을 미치는 개발도상국 시장에서 이러한 경향이 있다. 그 예로서 프랑스 자동차업체인 Peugeot-Citroen의 경우를 보자. 동사의 Citroen은 중국시장의 아주 작은 부분을 차지하고 있다-특히, 동사가 프랑스 본국 및 유럽에서 차지하는 비중과 비교할 때. 중국시장에 대한 최근의 인터뷰에서 어느 경영자는 다음과 같이 말했다. "가격이 떨어지면 우리도 인하할 것이지만 시장에서의 가격하락분을 넘지는 않을 것이다." 또 다른 경영자는 다음과 같이 말했다. "이 시장은 아주 경쟁적이고, 우리는 공장의 조업능력을 고려해야 한다."

이들 경영자들의 언급이 의미하는 것은, 중국에서는 Citroen의 경우 가격에 대한 영향력이 거의 없다는 것이다: 기본적으로 중국시장에서 **가격수용자**(price taker)로 행동한다. 가격수용자로서 시장가격보다 낮은 가격을 받을 이유가 없다. 동시에 가격을 높이면 중국시장에서 고객을 잃을 것이다.

가격수용자로서 Citroen의 주요 결정은 얼마나 차를 생산할 것인가이다. 중국시장을 책임지는 경영자는 최적 생산량을 생산할 수 있는지에 대한 조업능력에 관심을 기울여야 한다. 중국시장에서 GM 등이 거대한 생산설비를 보유하고 있으므로 Peugeot-Citroen사는 앞으로도 상당기간 가격에 대해서 아주 제한적인 영향력만을 가지게 될 것이다.

출처: "Citroen Forecasts Slowdown in Sales Growth in China this Year," *Channel News Asia*, June 9, 2004; "General Motors' China Success," *Business Week*, January 8, 2006.

기업사례 7-2 제품차별화, 제 살 깎아먹기와 Colgate의 미소

1896년에 오늘날 우리가 쓰는 것과 비슷하게 튜브에 든 치과용 크림(치약)을 Colgate사가 출시하였다. 현재 Colgate–Palmolive사의 치약브랜드는 세계에서 가장 잘 팔리는 치약브랜드이며 1955년에 출시된 Proctor–Gamble사의 Crest 브랜드를 앞서고 있다.

Colgate와 Crest사의 제품이 시장에서 큰 비중을 차지하고 있긴 하지만 여러분이 슈퍼에 가보면 수많은 치약브랜드가 있다는 것을 알게 될 것이다. Colgate사는 Shrek Bubble Fruit나 Colgate Total Advanced Whitening 등의 이름으로 40종이 넘는 제품을 판매하고 있다.

Colgate사처럼 시장에서 **지배적인 기업**이 서로 경쟁적인 수많은 제품종류를 생산하는 이유는 무엇일까? 치약시장에서 고도의 **제품차별화**는 기업들이 이윤을 증가시키기 위하여 새로운 제품을 출시하는데 기인한다. 다른 브랜드(예, Crest)가 이윤이 나는 부문에 쉽게 진입할 수 있는 환경에서 적절한 전략은 바로 그 부문에서 새로운 제품(예, Shrek Bubble Fruit)을 빨리 출시해서 단기의 이윤을 누리는 것이다. 적어도 다른 기업이 진입할 때까지. 신제품의 출시는 자사 기존제품의 매출을 잠식하겠지만, 이와 같은 제 살 깎아먹기가 다른 기업이 시장을 잠식하는 것보다는 더 낫다.

출처: Corporate Web sites of the Colgate-Palmolive Company and Proctor & Gamble and *Hoover's Online*

8 과점의 기본모형

Ⅰ. 과점의 조건

Ⅱ. 전략적 상호의존성의 역할

Ⅲ. 네 가지 과점환경에서의 이윤극대화

- 스위지 모형
- 쿠르노 모형
- 스타켈버그 모형
- 버트란드 모형

Ⅳ. 경합시장

지금까지 시장에 대한 분석은 전략적 행위가 경영의사결정에 미치는 영향을 고려하지 않았다. 즉, 완전경쟁시장과 독점적 경쟁시장에서 이윤극대화 조건이 분석되었다. 이러한 유형의 시장에서는 수많은 기업들이 경쟁하므로 어떠한 개별기업도 시장의 다른 기업에게 영향을 주지 못한다. 또한, 독점시장에서의 이윤극대화 조건도 분석되었다. 이 경우에도 시장에는 단 하나의 기업이 존재하므로, 기업들간의 상호작용은 없다.

이 장은 과점시장에서 경영의사결정에 대해 분석하는 두 장 중의 첫 번째이다. 여기서는 과점의 네 가지 유형-스위지(Sweezy), 쿠르노(Cournot), 스타켈버그(Stackelberg), 그리고 버트란드(Bertrand)-에서의 산출량과 가격설정에 중점을 둔다. 다음의 9장에서는 광고, 연구 개발(R&D), 진입 등과 같은 경영의사결정을 분석하기 위해 더 일반적인 구조로 발전시킬 것이다.

I 과점의 조건

- 보통 열 개 이하로서 비교적 소수의 기업.
  - 복점 - 두 기업
  - 3대 기업 독점 - 세 기업

- 기업들이 제공하는 제품들은 동일하거나 또는 차별화.
- 기업들의 의사결정은 서로에게 영향을 미친다.
- 서로 다른 많은 전략적 변수들이 모형화된다 : 하나의 과점 모델은 없다.

II 전략적 상호의존성의 역할

- 당신의 행동은 경쟁자의 이윤에 영향을 미친다.
- 경쟁자의 행동은 당신의 이윤에 영향을 미친다.
- 경쟁자는 어떻게 당신의 행동에 반응할 것인가?

〈예〉

- 당신과 또 다른 기업은 차별화된 제품들을 판매한다.
- 당신이 제품 가격을 변화시킬 때 당신 제품의 수요량은 어떻게 변화하는가?

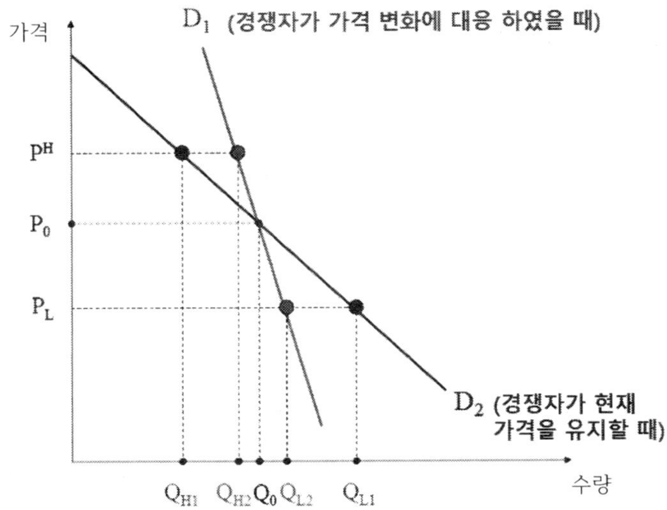

- 기업의 수요는 경쟁자의 행동에 달려있다.
- 경쟁자가 가격 변화에 대응하지 않을 때보다 경쟁자가 가격변화에 대응할 때 기업의 수요는 더 비탄력적이 된다.

핵심적인 의미

- 가격인하가 당신 제품의 수요량에 미치는 효과는 경쟁자 역시 가격을 하락시켜 대응하는가의 여부에 달려있다.
- 가격인상이 당신 제품의 수요량에 미치는 효과는 경쟁자 역시 가격을 상승시켜 대응하는가의 여부에 달려있다.
- 전략적 상호의존성 : 당신은 당신 자신의 운명을 완전하게는 통제하지 못한다.

III 네 가지 과점환경에서의 이윤극대화

1. 스위지 모형

(1) 스위지 모형의 조건

- 시장에는 많은 소비자를 만족시키는 몇 개의 기업이 있다.
- 기업은 차별화된 제품을 생산한다.
- 진입장벽이 존재한다.
- 각 기업은 경쟁자들이 가격인하에 대해서는 그들의 가격을 낮출 것이지만 가격인상에 대해서는 그들의 가격을 올리지는 않을 거라고 믿는다.

(2) 스위지 모형의 주요 특징 – 가격 경직성

(3) 스위지 과점의 요약

- 기업들은 경쟁사들이 가격하락에 대해선 그들의 가격을 낮출 것이지만 가격상승에 대해선 그들의 가격을 올리지 않을 것이라고 믿는다.
- 기업은 스위지 과점에서 다음의 조건에서 생산량을 결정할 때 이윤극대화가 실현된다:

$$MR_S(\text{한계수입}) = MC(\text{한계비용}).$$

  - 굴절된 모양의 한계수입곡선의 의미는 MC의 변화가 이윤극대화 산출물 수준에 영향을 주지 않는 일정한 범위가 존재한다는 것을 말한다.
  - 그러므로, 기업은 한계비용이 이러한 범위 내에 있을 경우 가격을 변동시키지 않을 인센티브가 있다

2. 쿠르노 모형

(1) 쿠르노 모형의 조건

- 소수의 기업이 완전대체품(동일)과 불완전대체품(차별)을 생산하고

있다.

- 기업의 통제변수는 가격이 아니라 생산량이다.
- 각 기업은 자체생산량을 변경했을 때 경쟁기업들은 그들의 현재 생산량을 유지한다고 믿는다. (경쟁기업의 생산량은 고정되어 있다고 간주함)
- 진입장벽이 존재한다.

(2) 최적반응함수

- 동일제품 쿠르노 과점에서 기업의 한계수입은 기업자신의 생산량과 경쟁자의 생산량에 의존하기 때문에, 각 기업은 경쟁자의 생산량 결정에 "반응"하는 방법이 필요하다.
- 기업 1의 최적반응함수는 기업 2의 각 생산량 Q_2에 대해 기업 1이 그의 이윤극대화를 위해 생산해야하는 Q_1의 생산량을 나타내는 선이다.
- 제품들은 서로 완전대체가 가능하므로, 기업 2의 생산량의 증가는 기업 1 제품의 이윤극대화 생산량의 감소를 초래한다.

(3) 쿠르노 복점의 반응함수

- 한 기업의 최적반응함수를 찾으려면, 한계비용과 한계수입을 동일하게 하고 경쟁기업의 생산량의 함수로서 자신의 생산량에 대해 풀어야 한다.

(4) 쿠르노 균형

- 경쟁기업의 생산량이 주어진 상태에서 각 기업이 이윤을 극대화하는 생산량을 생산하는 상황.
- 어떤 기업도 이윤을 향상시키기 위해 일방적으로 자체생산량을 변화시켜 이득을 얻을 수 없다.
  - 어느 한 점에서 두 기업의 최적대응함수는 서로 교차한다.

(5) 쿠르노 균형 요약

- 기업 2가 생산량 Q_2*를 생산한다고 가정하면, 기업 1 은 생산량 Q_1*

을 생산하여 이윤을 극대화한다.

- 기업 1이 생산량 Q_1*를 생산한다고 가정하면, 기업 2는 생산량 Q_2*를 생산하여 이윤을 극대화한다.
- 경쟁기업의 생산량이 주어질 경우, 어떤 기업도 자신의 생산량을 변경할 인센티브가 없다.
- 믿음의 일관성:
  - 균형에서 각 기업은 경쟁기업들이 현재의 생산량을 유지한다고 믿으며, 또한 실제로 그들은 그렇게 한다.

(6) 쿠르노 과점에서 담합 인센티브

3. 스타켈버그 모형

(1) 스타겔버그 모형의 조건

- 많은 소비자, 소수의 기업
- 기업들은 차별제품 또는 동일제품을 생산.
- 진입장벽존재
- 기업 1은 선도기업
  - 선도기업은 다른 모든 기업들보다 생산량을 먼저 결정.
- 나머지 기업들을 추종자
  - 선도자의 생산량을 주어진 것으로 보고, 그들은 이윤극대화를 위해 자신의 생산량을 선택한다.

(2) 스타켈버그 요약

- 스타켈버그 모형은 전략적 환경에서 공개적 약속(commitment)이 어떻게 이윤을 향상시키는가를 보여준다.
- 선도자는 쿠르노 균형보다 더 많은 생산량을 생산한다.
  - 더 큰 시장점유율과 더 높은 이윤
  - 선두주자의 이점

- 추종자는 쿠르노 균형보다 더 작게 생산한다.
  - 더 작은 시장점유율과 더 낮은 이윤

4. 버트란드 모형

(1) 버트란드 모형의 조건

- 시장에는 많은 소비자를 충족시켜주는 소수의 기업.
- 기업은 일정한 한계비용으로 동일한 제품을 생산.
- 각 기업은 이윤을 극대화하기 위해 독립적으로 가격을 설정(가격은 각 기업의 통제 변수)
- 진입장벽이 존재한다.
- 소비자는 다음과 같은 장점:
  - 완전한 정보
  - 거래비용은 없음

(2) 버트란드 균형

- 기업들은 $P_1 = P_2 = MC$ 로 가격설정. 그 이유는?
- $MC < P_1 < P_2$ 가정:
- 기업 1은 판매 각 단위에 대해 $(P_1 - MC)$를 얻지만, 기업 2는 아무것도 벌지 못한다.
- 기업 2는 기업 1의 가격보다 좀 싸게 하여 시장 전체를 점유할 인센티브를 갖게 된다.
- 그러면 기업 1도 기업 2의 가격보다 더 싸게 할 인센티브를 갖게 된다. 이러한 가격인하는 계속된다.
- 균형: 각 기업은 $P_1 = P_2 = MC$ 에서 가격설정.

과점모형의 비교

과점의 각 유형이 기업들에게 어떤 영향을 미치는가를 더 알아보기 위해, 이 장에서 다루었던 모형들을 개별기업의 산출량, 시장가격, 그리고 기업 당 이윤의 측면에서 비교해 본다. 이것을 위해 우리는 각 모형의 결과를 조사할 때 각 기업에 대해 동일한 시장수요와 비용조건을 이용할 것이다. 우리가 이용할 역 수요함수는

$$P = 1{,}000 - (Q_1 + Q_2)$$

이다. 각 기업의 비용함수는 동일하게

$$C_i(Q_i) = 4Q_i$$

로 주어진다. 그래서 각 기업의 한계비용은 4이다. 우리는 과점의 상호의존성의 유형에 따라 산출량, 가격, 그리고 이윤이 어떻게 변하는가를 살펴 볼 것이다.

1) 쿠르노

먼저 쿠르노 균형을 살펴본다. 앞의 역 수요함수와 비용함수가 주어져 있으면 개별 쿠르노 기업의 이윤함수는

$$\pi_i = [1{,}000 - (Q_1 + Q_2)]\,Q_i - 4Q_i$$

쿠로노 과점자의 반응함수는

$$Q_1 = \gamma_1(Q_2) = 498 - \frac{1}{2}Q_2$$

$$Q_2 = \gamma_2(Q_1) = 498 - \frac{1}{2}Q_1$$

Q_1과 Q_2에 대해 이 두 반응함수를 풀면 쿠르노 균형 산출량 $Q_1 = Q_2 = 332$를 얻는다. 그래서 시장에서 총 산출량은 664이고, 가격 336달러를 갖게 한다. 이 값들을 이윤함수에 대입하면 각 기업은 이윤 110,224달러를 얻는다는 것을 보여준다.

2) 스타켈버그

이러한 수요와 비용함수를 가진 스타켈버그 선도자의 산출량은

$$Q_1 = \frac{a + c_2 - 2c_1}{2b} = \frac{1,000 + 4 - 2(4)}{2} = 498$$

추종자는 이러한 산출량 수준을 주어진 것으로 보고 자신의 반응함수에 따라 생산 한다:

$$Q_2 = \gamma_2(Q_1) = \frac{a - c_2}{2b} - \frac{1}{2}Q_1 = \frac{1,000 - 4}{2} - \frac{1}{2}(498) = 249$$

따라서 시장에서 총 산출량은 747단위이다. 역 수요함수로부터 이러한 산출량에 대해 253달러의 가격이 산정된다. 총 시장산출량은 쿠르노 과점에서 보다 스타켈버그 과점에서 더 많다. 이것은 쿠르노 과점에서 보다 스타켈버그 과점에서 더 낮은 가격을 초래하게 한다. 선도자의 이윤은 124,002달러이지만 추종자는 단지 62,001달러의 이윤을 얻는다. 선도자는 먼저 움직이는 이점에 기인하여 쿠르노 과점에서 보다 스타켈버그 과점에서 더 좋은 결과를 얻는다. 그러나, 추종자는 쿠르노 과점에서 보다 스타켈버그 과점에서 더 낮은 이윤을 얻는다.

3) 버트란드

버트란드 균형은 계산하기가 쉽다. 버트란드 경쟁에 참여한 기업들은 결국에 가격을 한계비용과 같게 설정하게 된다는 것을 기억하자. 그러므로 주어진 역 수요함수와 비용함수에서, 가격은 한계비용($4)과 같고 각 기업의 이윤은 0이다. 총 시장산출량은 996단위이다. 대칭인 기업들이 주어져 있으면, 각 기업은 시장의 절반을 차지한다.

4) 담합

마지막으로 우리는 기업들이 총 산업이윤을 극대화하기 위한 산출량을 선택했을 때 초래되는 담합의 결과를 구할 것이다. 기업들이 담합했을 때, 총 산업산출량은 시장 역 수요함수를 토대로 하는 독점 수준이다. 시장 역 수요곡선은

$$P = 1{,}000 - Q$$

관련된 한계수입은

$$MR = 1{,}000 - 2Q$$

이 한계수입 함수는 기업들이 하나의 이윤극대화 기업으로 행동한다고 가정한다. 한계수입을 한계비용($4)과 같게 놓으면

$$1{,}000 - 2Q = 4$$

또는 $Q = 498$를 얻는다. 따라서 담합에서 총 산업산출량은 498단위이고 각 기업은 절반을 생산한다. 담합에서 가격은

$$P = 1{,}000 - 498 = \$502$$

각 기업은 124,002달러의 이윤을 얻는다.

각 과점 결과를 요약하면 다음과 같다. 가장 큰 시장 산출량이 버트란드 과점에서 생산되고, 그 다음이 스타켈버그, 쿠르노, 담합 순이다. 이윤은 스타켈버그 선도자와 담합 기업이 가장 높고, 그 다음이 쿠르노, 스타켈버그 추종자 순이다. 버트란드 과점자는 가장 낮은 수준의 이윤을 얻는다. 당신이 과점 시장에서 경영자가 된다면 당신의 최적 의사결정과 이윤은 과점 상호작용의 유형에 따라 변할 것이라는 것을 인식하는 것이 중요하다.

IV 경합시장

1. 주요 조건

- 생산자들의 기술수준은 동일함.
- 소비자들은 가격변화에 빨리 반응.

- 기존의 기업들은 가격을 낮춤으로써 타 기업의 진입에 신속히 반응할 수 없다.
- 매몰비용은 없다.

2. 주요 의미

- 진입위협은 시장에 있는 기존기업들을 규율함.
- 단지 한 개의 기업이 존재하더라도(독점기업), 기존 기업들은 시장 지배력을 갖지 못한다.

요약

- 각 과점 모형들은 서로 다른 최적의 전략과 결과들을 보여준다.
- 당신의 최적 가격과 산출량은 다음의 요인들에 달려 있다:
  - 경쟁자의 반응에 대한 믿음.
  - 당신의 통제변수(가격 또는 생산량) 그리고 제품시장의 성격(차별제품 또는 동일제품).
  - 경쟁자들보다 먼저 당신이 실행할 능력.

기업사례 8-1 스타켈버그 과점에서 공약(commitment)

스타켈버그 과점에서 **선도기업**은 많은 양을 생산함으로써 선발주자(firtst-mover)의 이득을 누린다. 선도기업의 선택을 관찰한 이후에 **추종기업**의 최적 선택은 적게 생산하는 것이다. 따라서 선도기업은 추종기업의 희생하에 자신의 시장지분과 이윤을 얻는 것이다. 실험실에서의 실험이나 실생활의 증거는 스타켈버그 과점에서 먼저 움직이는데 따른 이익이 상당하다는 것을 보여준다 – 추종자가 선도자의 생산량을 관찰하는데 비용이 크게 들지 않는다는 전제하에.

예로서 남아프리카공화국의 통신회사인 Telkom은 경쟁자보다 먼저 움직인 선발주자로서의 이득 때문에 순이윤이 177% 증가하였다. Telkom은 남아프리카 기업의 90%와 장기계약을 체결하여 스타켈버그 리더로서의 산출량을 공약하였다. 즉, 자신의 생산량을 증가시킴으로써 경쟁자들이 생산량을 줄이도록 한 것이다.

전통적인 **스타켈버그 모형**은 **추종기업**이 **선도기업**의 산출량을 비용없이 관측할 수 있다고 가정한다. 그러나 실제로는 추종자가 선도자의 산출량에 대한 정보를 얻는 데에는 비용이 들어간다. 최근 Morgan교수와 Vardy교수는 관측비용이 크게 소요될 경우에 선도기업의 선발주자이익이 줄어드는지 다양한 실험을 시행하였다. 그들의 실험에 의하면 관측비용이 적을 경우에는 선도기업이 **선발주자의 이익**을 누리며 상당한 이윤을 얻는다. 그러나 추종기업이 선도기업의 산출량을 관찰하는 비용이 증가하면서 선도기업과 추종기업의 이윤은 비슷해진다.

출처 : Neels Blom, "Telkom Make Life Difficult for Any Potential Rival," *Business Day* (Johannesburg), June 9, 2004; J. Morgan and F. Vardy, "An Experimental Study of Commitment in Stackelberg Game with Observation Costs," *Games and Economic Behavior*20(2), November 2004,pp.401-23.

9 게임이론 : 과점

Ⅰ. 게임이론의 소개

Ⅱ. 동시적 1회 게임

Ⅲ. 기타의 게임: 무한반복 게임, 유한반복 게임, 순차적 게임

Ⅳ. 조정(coordination)게임

Ⅴ. 내쉬균형이 존재하지 않는 게임의 전략들

이 장에서 우리는 전략적 상호작용에 대한 분석을 계속한다. 8장에서 보았듯이 몇 개의 기업들이 어느 한 시장에서 경쟁한다면 한 기업의 행동은 경쟁자들에게 상당한 영향을 미친다. 예를 들어, 과점에서 한 기업의 가격설정과 산출량 결정은 일반적으로 그 산업에 있는 다른 기업의 이윤에 영향을 미친다. 결과적으로 이윤을 극대화하기 위해서 경영자는 그의 결정이 산업에 있는 다른 경영자들의 행동에 미칠 수 있는 영향을 고려해야 한다.

이 장에서는 기업간 상호의존성에 직면하여 일어날 수 있는 경영의사결정을 깊이 분석할 것이다. 어떤 가격을 책정할 것인가, 얼마 만큼의 광고를 할 것인가, 새로운 제품을 출시할 것인지, 새로운 시장에 진입할지 등의 수많은 의사결정을 과점시장에서 해야 하는데, 이에 도움을 주게 되는 일반적인 도구가 분석될 것이다. 이러한 문제들을 분석하는데 이용할 기본적인 도구는 게임이론이다. 게임이론은 경영자들에게 매우 유용한 도구이다. 직원들을 감독하거나 노사간의 교섭과 관련되는 기업의 의사결정을 분석하는데 게임이론이 이용될 수 있다는 것을 살펴볼 것이다.

I 게임이론의 소개

■ 게임이론은 보상이 비금전적인 상황을 분석하는데 사용되어진다.

■ 여기에서는 기업들이 이윤극대화를 희망하는 환경에 초점을 둔다.

- 그러므로 보상은 금전적 단위로 측정되어진다.

1. 게임환경

■ 경기자들의 계획된 의사결정을 전략이라고 말한다.

■ 경기자들의 보상은 전략으로부터 발생되는 이익이나 손실이 된다.

■ 경기자의 순서는 중요하다.

- 동시적 게임 : 다른 경기자들의 의사결정에 대해 알지 못한 채 각 경기자는 의사결정을 하게 된다. 〈예〉 가위바위보 게임
- 순차적 게임 : 한 경기자는 그가 전략을 선택하기 전에 경쟁자의 움직임을 관찰한다. 〈예〉 장기, 바둑 게임

■ 경쟁적 상호작용의 빈도

- 1회 게임 : 게임은 1회 실시된다.
- 반복 게임 : 게임이 1회 이상 실시된다.
  - 유한 반복게임 또는 무한 반복게임.

II 동시적 1회 게임

■ 우월적 전략은 상대방의 행동과 관계없이 가장 높은 보상을 가져다주는 전략이다.

■ 우월적 전략이 없을 경우 경쟁자의 입장이 되어 생각하라.

■ 두 경기자의 내쉬 균형

다른 경기자들의 전략이 주어져 있을 때, 어느 경기자도 자신의 전략을 일방적으로 바꿈으로써 보상을 증가시킬 수 없는 전략들의 집합을 내쉬균형이라 한다.

■ 1회 게임의 응용

- 가격 결정

〈표 9-1〉 가격설정 게임

		기업 B	
기업 A	**전　　략**	**낮은 가격**	**높은 가격**
	낮은 가격	0,　0	50, −10
	높은 가격	−10,　50	10,　10

- 광고 결정

〈표 9-2〉 광고게임

		기업 B	
기업 A	**전　　략**	**광　　고**	**광고 안함**
	광　　고	4,　4	20,　1
	광고 안함	1, 20	10, 10

III 기타의 게임

- 무한반복 게임
- 유한반복 게임
- 순차적 게임

IV 조정(coordination)게임

- 많은 게임에서 경기자들은 서로 경쟁적인 목표를 가지고 있다: 한 기업은 경쟁기업을 희생시켜 이득을 얻는다.
- 그러나 몇몇 게임의 경우에는 기업들이 서로 협조적인 의사결정을 할 때에 각 기업들은 더 높은 수익을 얻는다.

〈표 9-3〉 조정게임

		기업 B	
	전　략	120볼트 콘센트	90볼트 콘센트
기업 A	120볼트 콘센트	\$100, \$100	\$0, \$0
	90볼트 콘센트	\$0, \$0	\$100, \$100

조정게임의 사례

- 산업표준
  - 플로피디스크의 크기
  - CD의 크기
- 국가적인 표준
  - 전류
  - 교통법규

조정게임의 주요 의미

- 모든 게임이 대립(conflict)의 게임은 아니다.
- 대화를 통해 조정문제를 해결할 수 있다.
- 순차적 게임은 조정문제를 해결 할 수 있다.

V 내쉬균형이 존재하지 않는 게임의 전략들

- 내쉬균형이 존재하지 않는 게임에서, 경기자들은 혼합(무작위) 전략들에 참여하는 것이 이득이 된다는 것을 알게 된다.
  - 이것은 경기자들이 이용할 수 있는 모든 전략들 중에서 무작위로 전략들을 선택할 것이라는 것을 의미한다.

생활속 사례 US Airways 는 무료음료서비스를 재개하다.

US Airways는 국내선 이코노미좌석 승객에게 음료수 제공시 2달러를 부과하는 정책을 시행한지 채 1년이 되지 않아 다시 음료수를 무료로 제공하기로 하였다. 업계소식통은 "무료음료서비스"로 돌아간 데에는 경기불황에다 US Airways만 음료수 요금을 받는 대형항공사라는 점 등 다양한 요인이 작용한 것으로 보고있다. US Airways가 음료수 유료화정책을 포기한 이유는 무엇이라고 생각하는지?

〈표 9-4〉 무료음료수 게임(단위, 백만달러)

US Airways	경쟁 항공사		
	전략	무료음료수	2달러 부과
	무료음료수	0, 0	5, −5
	2달러 부과	−5, 5	4, 4

US Airways가 음료수당 2달러 받는 것을 포기하는 데에는 다양한 요인이 작용했지만, 주요 요인은 대형 항공사 중에 이 회사만 음료수요금을 받았다는 사실이다. 이것은 이 회사의 이미지를 훼손시켰고 일부 고객들은 경쟁사로 옮겨 갔다. 이 회사만의 음료수 유료화 정책은 수입 창출보다 부정적 효과가 더 컸다. 타 항공사와의 치열한 경쟁에서 이 회사의 **우월적 전략**이 무료로 음료수를 제공하는 것이라는 것을 US Airways는 비싼 수업료를 지불하고 배운 셈이다.

위의 표는 이러한 점을 설명할 수 있는 가상적인 보수를 나타낸다. US Airways와 경쟁사가 모두 무료로 음료수를 제공하는 경우 각 회사의 보수는 0이다. 두 회사가 모두 동시에 2달러를 부과하면 각각 4백만달러를 받는다. 그러나 경쟁사들이 무료로 음료수를 제공할 때 US Airways만 2달러를 부과하면 이 회사는 5백만달러의 손실을 보지만 경쟁사들은 5백만달러의 이익을 본다. 이 표의 보수를 분석해 보면, US Airways의 **우월적 전략**은 무료로 음료수를 제공하는 것이다. US Airways는 아마 경쟁사들도 음료수를 유료로 제공하기를 기대했지만, 그렇게 하는 것이 경쟁사에게 이익이 되지 않는다. US Airways의 가격담당매니저가 경쟁사의 입장에서 생각해보았다면 경쟁사들의 **우월적 전략**이 무료로 음료수를 제공하는 것이라는 것을 깨달았을 것이다. 따라서 US Airways의 가격담당매니저는 음료수 유료화 정책을 처음부터 시도하지 않았을 것이다.

생활속 사례 내쉬균형 사례

: 영화 '뷰티풀 마인드(beautiful mind)'
: 과점기업 경쟁형태 등 분석의 틀 마련

내쉬균형은 게임의 특징을 이용하여 상호의존적인 경제주체들의 행위를 설명하고 있는 게임이론에 있어 가장 널리 사용되는 균형개념이다. **상대방의 전략을 주어진 것으로 전제하고 거기에 대하여 최선의 전략을 선택하여 형성된 균형상태**를 의미한다. 게임이론에서 고전적으로 다루고 있는 '용의자 고민 (prisoner's dilemma)' 게임을 통해서 내쉬균형을 설명하면 다음과 같다.

어떤 범죄의 공범혐의로 두 용의자가 체포되어 격리된 채 취조를 받고 있는데, 두 용의자 모두 범행을 자백할 경우 이들은 각각 징역 4년씩의 실형을 선고받고, 두 용의자 모두 끝까지 범행을 부인할 경우에는 증거 불충분으로 각각 2년씩의 징역을 살게 된다. 그러나 1명은 범행을 부인하는데 다른 1명이 범행을 자백할 경우에는 범행을 부인한 용의자는 가중처벌로 징역 8년을 선고받으나 범행을 자백한 용의자는 정상이 참작되어서 집행유예를 선고받게 된다. 이 경우 각 용의자는 범행사실을 부인하고 싶은 마음이 간절하지만 의사교환이 불가능한 상황에서 상대방이 어떠한 전략을 선택할지 모르기 때문에 고민 끝에 결국 두 사람 모두가 선택한 최선의 전략은 '자백'이 되어 하나의 균형을 이루게 된다.

이러한 균형상태가 바로 내쉬균형인 것이다. **내쉬균형은 과점기업의 경쟁형태, 노사간 임금협상 등 수많은 경제, 사회, 정치 문제들을 이해하고 효과적으로 분석할 수 있는 좋은 개념적 틀을 제공하고 있다.**

영화를 보면 그의 인간승리가 주는 감동은 단지 정신분열증을 극복하고 마침내 노벨상을 받게 되었다는 것에만 있는 것이 아니라는 생각이 든다. 논리와 숫자에 몰두하여 스스로도 지성적인 면에 너무 치우쳐 있는 사람이라고 자평하였고 암호풀기의 귀재였던 그가 영화 제목대로 '아름다운 정신'을 소유할 수 있었던 것은 지성만으로는 결코 풀리지 않는 신비한 '사랑의 방정식'을 풀어냈다는 것이다.

생활속 사례 봄봄과 게임이론

1. 봄봄의 저자 김유정의 작품세계

봄봄의 저자인 김유정(金裕定, 1908 ~ 1937)의 소설은 일제 강점기의 고단한 시대를 살던 사람들의 다양한 삶의 모습과 현장을 그대로 재현하고 있다. 김유정은 식민지 중기였던 당시의 생활상을 반영하여 주로 생활력을 잃고 방황하는 무력한 사회계층의 삶을 소설의 주제로 다루고 있다. 산골에 살면서 직접 농촌의 분위기를 접하며 자랐던 김유정은 당대 문인들의 관념적이고 피상적인 농촌소설과 달리 서민적이면서도 해학적인 농촌소설을 생생한 삶의 언어를 담아 실감나게 표현하였다. 이로 인하여 그는 평민문학의 전통을 우리의 소설미학으로 토착화시키고 사실주의 문학의 새로운 장을 열어 놓았다고 평가받고 있다.

2. 봄봄의 줄거리

봉필이는 악랄하기로 유명한 마름이다. 그는 머슴 대신 데릴사위를 열이나 갈아치웠다가 재작년 가을에 맏딸을 시집보냈다. 주인공인 나는 그의 세 번째 데릴사윗감으로 들어와 3년 7개월이나 일을 해 주었건만 장인(봉필)은 둘째 딸인 점순이의 키가 작다는 이유로 성례를 미룬다. 작년에 내가 사나흘 누워 있자 장인은 울상이 되어 결혼을 시켜 준다고 나를 달랜 일이 있다. 어제는 점순이가 밤낮 일만 할 것이냐고 했지만 점순이가 자라면 성례를 하기로 한 애초의 계약 때문에 달리 방법이 없었던 것이다. 장인과 싸워서 그 동안의 머슴노릇 값이라도 받아내어 그냥 집으로 돌아가고 싶지만 결혼도 못하고 돌아간다는 것이 남부끄러워 그렇게 할 수도 없다.

어느 날, 결혼을 못한 채로 일만 하는 나를 조르며 바보라고 하는 점순이의 충동질에 장인과 크게 싸움을 벌인다. 나를 땅바닥에 메치는 장인의 바짓가랑이를 내가 세게 움켜쥐자 장인은 놓으라고 헛손질을 하며 점순이를 부른다. 그런데 점순이와 장모는 오히려 장인의 역성을 들어 나는 더 얻어맞기만 하고, 나는 점순이의 알 수 없는 태도에 넋을 잃는다. 그러나 장인은 나의 상처를 치료해 주고, 결국 가을에 성례를 시켜준다는 약속을 한다.

3. '나'와 장인 사이의 갈등을 '게임이론'으로 분석하기

봄봄은 혼인을 핑계로 일만 시키는 교활한 장인과 그런 장인에게 반발하면서도 끝내 이용당하는 순박하고 어수룩한 '나'의 갈등을 해학적으로 보여준다. 그런데 점순이의 작은 키를 핑계 삼아 혼인을 미루면서도 큰소리치는 장인과 그런 장인의 집에서 3년 7개월이나 무일푼으로 머슴살이를 하는 '나'의 행동이 도무지 수긍이 가지 않는다. 하지만 경제학의 '게임이론'으로 분석해 본다면 이는 장인과 '나' 사이에 일어난 게임의 '균형' 상태로 설명될 수 있다.

(1) 게임이론이란?

'게임'이라고 하면 우리는 흔히 운동경기나 보드게임, 컴퓨터 게임 등을 떠올린다. 서로 상관이 없어 보이는 이것들이 모두 같은 게임의 범주 안에 들어가는 것은 내가 어떻게 하느냐 뿐만 아니라 상대방이 어떻게 하느냐에 따라 그 결과가 달라진다는 동일한 속성을 가지고 있기 때문이다. 이와 같은 맥락에서 동종 산업 안에 있는 기업들이 서로 더 많은 시장을 점유하기 위해 경쟁을 벌이는 것도 일종의 게임이 될 수 있다. 경제학에서 **'게임이론'**은 수학자인 노이만(John von Neumann, 1903 ~ 1957)과 경제학자인 모겐스턴(Oskar Morgenstern, 1902 ~ 1977)에 의해서 1940년대 중반에 체계화된 이론으로 **자신의 이익을 최대화하려고 하는 합리적이지만 서로 신뢰하지 않는 존재들의 갈등에 관한 연구이론이다. 즉 전략적 상황에서 각 경기자가 상대편의 대응행동을 고려하여 자신의 전략이 초래하게 될 결과에 대한 모형을 세우고, 가장 합리적인 전략을 선택하는 행동을 분석하는 이론**을 말한다.

게임이론에서 게임의 구체적인 형태는 다양하지만 모든 게임은 똑같은 기본골격을 가지고 있다. 그 기본골격에는 게임에 참여하는 경기자(player), 경기자 자신이 취할 행동에 대한 계획을 의미하는 전략(strategy), 그리고 각 경기자가 게임의 결과로 얻게 되는 이윤인 보수(payoff)가 있으며, 이 보수를 모아 정리해 놓은 것을 보수행렬(payoff matrix)이라고 한다.

게임이론에서 자주 등장하는 용의자의 딜레마(prisoner's dilemma)를 통해 이 용어들을 쉽게 이해할 수 있다. 두 사람이 범행의 용의자로 검거되었는데 수사관들이 범행을 증명할 만한 뚜렷한 증거가 없어 자백을 받아내고자 하는 상황을 가정해 보자. 두 사람은 서로의 결정을 알지 못하도록 각각 분리되어 심문을 받고 검사는 자백을 유도하기 위해 다음과 같은 제의를 한다. 단, 두 사람이 똑같은 제안을 받고 있다는 사실은 서로 알고 있다.

"만약 한 사람은 순순히 자백을 했는데 다른 한 사람이 범행을 부인하면 부인한 사람은 법정 최고형인 15년 구형을 받되 자백을 한 사람은 수사에 협조한 공을 인정해 방면해 주겠소. 그러나 당신들이 죄를 뉘우치고 모두 자백을 한다면 법정 최저형인 5년 형을 구형하게 될 것이오. 만약 두 사람 모두 부인하고 버틴다면 우선 증거 불충분으로 1년형을 줄 테지만 반드시 진상은 밝혀질 것이오."

여기서 A씨와 B씨는 이 게임의 경기자가 되며 두 경기자 모두 범행을 자백 혹은 부인하는 두 가지의 전략을 갖게 된다. 각 전략으로 얻게 되는 보수를 보수행렬로 나타내면 다음과 같다.

		B씨	
		부인	**자백**
A씨	부인	1년형, 1년형	15년형, 방면
	자백	방면, 15년형	5년형, 5년형

※ 단, 보수행렬의 왼쪽은 A씨의 보수, 오른쪽은 B씨의 보수

이 게임은 복잡해 보이지만 곰곰이 생각해 보면 그 결과를 쉽게 알 수 있다. A씨의 경우 B씨가 자백을 한다면 자신 혼자 범행을 부인해 15년형을 받느니 차라리 함께 자백을 하고 5년형

을 받는 편이 더 나으며, B씨가 범행을 부인한다고 하더라도 자신은 범행을 자백하고 방면을 받는 편이 더 유리하다. B씨의 경우도 A씨의 논리와 정확히 동일하다.

결국 두 사람 모두 자신에게 더 유리한 결과를 가져다주는 전략인 '자백'을 선택하게 되어 각각 5년형을 받게 된다. 이처럼 **상대방의 전략에 관계없이 자신에게 더 유리한 결과를 가져다주는 전략을 '우월적 전략**(dominant strategy)**'**이라고 부른다.

(2) 「봄봄」에서 '나'와 장인 사이의 게임은 어떻게 나타나는가?

매번 점순이의 작은 키를 핑계로 결혼을 미루는 장인과 그 동안의 머슴노릇 값을 받아 집으로 돌아가겠다고 으름장을 놓으면서도 결국 3년 7개월 동안이나 머슴으로 일하고 있는 '나'의 갈등관계가 잘 드러나 있다. 이 갈등관계는 점순이와의 혼인시기를 두고 '나'와 장인이 벌이는 동시적 게임의 하나로 해석해 볼 수 있다. 먼저 장인과 '나'의 심리를 통해 이 게임의 보수행렬을 유추해 보자.

1) 장인과 보수

장인은 '나'를 머슴으로 부리는 것을 그만두고 점순이와 혼인을 시켜주는 전략과 혼인을 한 번 더 미루는 두 가지의 전략을 사용할 수 있다.

먼저 장인이 '나'가 떠나 사윗감도 놓치고 머슴노릇 값까지 주게 될 것을 우려하여 이번에는 당장 결혼을 시키려고 마음먹고 있다고 하자. 이 경우 '나'가 장인이 또 혼인을 미룰 것이라 생각하여 집으로 떠나버린다면 장인은 그 동안의 머슴노릇 값을 '나'에게 지불해야만 한다. 만약 '나'가 단지 장인의 마음을 조급하게 하기 위해서 집으로 돌아가겠다고 해놓고는 장인의 집에 계속 남아 있는다면 장인은 머슴노릇 값을 지불하지 않더라도 '나'와 점순이의 혼인을 치르게 되어 더 이상 '나'를 머슴으로 부려 이득을 얻을 수 없게 된다. 반면 장인이 내년에 시켜준다는 말로 한 번 더 혼인을 미룰 경우에는 '나'가 그 말을 믿고 계속 남아있는다면 '나'를 머슴으로 부려 이득을 얻게 될 테지만 '나'가 그 말을 믿지 않고 떠나버린다면 그 동안의 머슴노릇 값을 지불해야 한다.

2) '나'의 보수

다음으로 '나'의 보수행렬을 살펴보자. '나'가 사용할 수 있는 전략은 혼인을 포기하고 집에 돌아가거나 장인의 말을 믿고 한 번 더 머슴노릇을 해 주는 두 가지로 정리할 수 있다. 만약 '나'가 혼인을 포기하고 집으로 돌아간다면 '나'는 그 동안의 머슴노릇의 값을 받을 수 있다. 하지만 사람들에게 '못난 놈'이라고 낙인찍힐 뿐 아니라 징역에 갈 수도 있다는 위험(물론 징역에 가는 죄에는 해당이 되지 않으나 '나'는 이를 모르고 있음)을 감수하여야 한다. 반면 반드시 혼례를 치르고 가겠다고 다짐하여 집에 돌아간다는 말로 장인을 불안하게 하되 끝내 장인의 집에 남아있을 경우에는 장인이 혼인을 미룬다면 또 한 번의 머슴노릇을 해주어야 할 테지만 점순이와 결혼할 수 있다는 가능성은 여전히 남아있다. 물론 장인이 혼인을 시켜준다면 '점순이와의 결혼'이라는 최상의 보상을 얻게 된다.

이를 보수행렬로 정리하면 다음과 같다.

		장인	
		결혼 시킴	결혼 미룸
나	집으로 감	머슴노릇값 받음+ (주위시선+징역가능성), 머슴노릇값 지불	머슴노릇값 받음+ (주위시선+징역가능성), 머슴노릇값 지불
	남아 있음	결혼 성공, 머슴노릇값 지불 안함	머슴노릇함+결혼가능성, 머슴노릇 시킴

※ 단, 보수행렬의 왼쪽은 '나'의 보수, 오른쪽은 장인의 보수.

3) '나'와 장인의 게임의 결과는?

여기서 '나'의 심정에 주목할 필요가 있다. '나'가 떠나지 않고 장인의 집에 남아있는 데는 그 이유가 있다. 그는 혼인을 포기하고 집에 돌아갈 경우 주위 사람들에게 '못난 놈'이란 소리를 듣게 될 뿐만 아니라 후에 자신의 아들에게서도 '바보'라는 별명을 얻게 될 수도 있다는 사실에 대해 매우 걱정하고 있다. 게다가 농번기에 집으로 돌아가면 징역에 가게 될지도 모른다고 두려워하고 있다. 따라서 징역에 갈 위험까지 감수하고 머슴노릇값을 받아 집으로 돌아가 사람들의 시선에 시달리기 보다는 어떻게 해서든 결혼을 하고 가겠다고 결심한 것이다. 이를 통해 **위의 보수행렬에서 장인이 지금 결혼을 시켜주는 경우에는 물론이고 결혼을 한 번 더 미루는 경우에도 장인의 집에 남아 있는 전략이 집으로 돌아가는 전략보다 '나'에게 더 나은 보수를 가져다주는 우월적 전략**임을 알 수 있다. 따라서 '나'는 언제나 '남아있음'을 선택하게 되며 그 결과 3년 7개월 동안 계속 '자발적으로' 장인의 집에 남아있게 되었다고 볼 수 있다.

이는 장인이 결혼을 미루는 전략을 선택하는 근거가 된다. 약삭빠른 장인은 순박한 '나'의 이러한 심리를 이미 꿰뚫고 있었고, '나'가 항상 '남아있음'을 선택할 것이므로 장인에게는 지금 결혼을 시키는 것보다는 한 번 더 결혼을 미루고 '나'를 머슴으로 부려 이득을 얻는 것이 합리적인 선택이 된다. 따라서 '나'는 장인의 집에 남아있고 장인은 같은 방법으로 결혼을 미루는 우스꽝스러운 상황이 계속될 수 있는 것이다.

실제로 우리는 상대방이 어떤 반응을 보일지를 예상하면서 행동을 취하는 경우가 많다. 이는 친구들과의 사소한 다툼이나 연인들의 심리적 갈등 등과 같은 작은 부분에서부터 임금협상 등의 갈등, 기업들의 경쟁, 독과점 기업의 신규진입 저지 전략, 북핵문제 해결을 위한 6자 회담, FTA 추진 과정에서 벌어지는 양국의 기(氣)싸움 등의 넓은 범위까지 확장될 수 있다. 게임이론에서는 이렇게 다양한 범주의 갈등을 설명하기 위한 분석의 도구로 앞에서 배운 용의자의 딜레마나 '나'와 장인 간의 갈등처럼 간단한 보수체계의 동시적 게임 뿐만 아니라 경기자의 유형, 경기자가 행동을 취하는 순서, 게임의 기간, 정보의 보유상태 등을 고려한 복잡하고 다양한 게임의 형태로까지 그 분야를 넓히고 있다.

기업사례 9-1 쓰레기 산업에서 트리거(trigger) 전략

트리거 전략이 작동하기 위해서 경기자는 그들의 경쟁자를 감독할 수 있어야 하며, 징벌 행동을 취해야 할 것인가의 여부를 알아야 한다. 처벌을 통해 속임을 억제하기 위해서 경기자는 실제로 속인 자를 영원히 처벌할 필요가 없다. 경기자가 속인자로부터 속여서 얻은 이윤을 다시 가져가기에 충분히 오랜 동안 속인 자를 처벌할 수 있는 한, 어느 경기자도 속이는 것이 이득이 되지 못한다는 것을 안다. 이럴 경우 경기자는 담합 결과를 얻을 수 있다. 실제 세계에서 기업은 이러한 이점을 인식하고 있다.

플로리다 데이드 카운티에서 쓰레기를 수거해가는 기업들이 **버트란드 시장**에서 높은 가격을 행사하기 위해 트리거 전략을 이용하는 메커니즘을 고안했다. 경쟁자들이 그들의 높은 가격보다 싼 가격을 부과하지 못하도록 하기 위해 기업들은 서로 아주 철저하게 감독했다.

한 회사가 여러 사람을 고용하여 경쟁회사가 싼 가격으로 자기회사의 고객을 뺏어가지 않는다는 것을 확실히 하기 위해 경쟁기업의 트럭을 감시한다. 만약 이 회사가 자기고객 중의 하나에 서비스를 제공하는 경쟁자를 발견한다면 그 회사는 어떻게 하겠는가? 이 회사는 뺏어간 고객에 대해 경쟁자를 처벌하기 위해 잃었던 각 고객에 대해 5명 내지 10명의 고객을 뺏어간다. 이 회사는 경쟁자의 가격보다 더 낮은 가격으로 빼앗긴 고객들에게 제공하여 이것을 달성한다. 시간이 지나면서 경쟁자는 이 회사의 고객을 뺏어간 것이 무의미하다 것을 알게 된다. 결국, 속임이 없게 되고 시장에 있던 기업은 담합 가격을 부과한다.

당신이 비슷한 방법을 채택하기 전에, 저자가 이와 같은 사실에 대해 미국 남부 플로리다 지방법원의 법정 기록사본을 통해서 알게 되었다는 것을 지적하고자 한다. 연루된 사람들은 재판에 회부되었다. 반복되는 상호작용 상황하에서 트리거 전략은 이윤을 증가시키는데 활용될 수 있다–그러나 그러한 실제의 영업활동은 불법이다.

출처: Docket No. 84-6107-Cr-King(MISHLER). March 17, 86. U. S. District Court of Southern Florida, Miami Division

기업사례 9-2 국제시장에서의 진입전략 : Sprinkler 전략 or Waterfall 전략?

국제마케팅 전략가들은 국제시장에서 새로운 시장에 진입할 때 종종 딜레마에 직면한다: 여러 나라에 순차적으로 진입하는 "Waterfall"전략을 쓸 것인가, 아니면 여러 나라에 동시에 진입하는 "Sprinkler"전략을 쓸 것인가?

스프링클러 전략의 주요 장점은 여러 나라에 빨리 진출하여 경쟁자보다 빨리 교두보를 확보할 수 있는 점이다. 불리한 점은 학습효과를 누리지 못하게 하며 자원이 분산되는 것이다. 이와 대조적으로 "폭포수(Waterfall)" 전략은 국제시장진입속도가 느리지만 시장별로 특성화된 접근이 가능하며 학습효과를 누릴 수 있다.

최적침투전략은 물론 이들 전략의 비용과 편익에 달려있다. 스프링클러 전략은 시장들이 동질적이고 학습효과가 작으며 국가특수성을 지닌 투자가 적게 필요할 경우 최적이다. "폭포수" 전략은 상당한 정도의 국가특수성을 지닌 투자가 이루어져야 하는 경우 유용하다.

최근 Fischer, Clement, Shanker 교수는 국제시장진입의 최적전략을 결정하는데 있어서 진입의 순서가 중요한 결정요소라는 증거를 제시하였다. 유럽 제약시장의 데이터에 기반하여 시장에 3개 이상의 기업이 있을 때에는 순차적 진입이 최적이라는 것을 발견하였다.

출처: Marc Fischer, Michael Clement, and Venkatesh Shanker, "International Market Entry Strategy : A Source of Late Mover Advantage," University of Maryland March 2004.

10 시장지배력을 가진 기업의 가격전략

Ⅰ. 기본적인 가격설정 전략

- 독점 & 독점적 경쟁
- 쿠르노과점

Ⅱ. 소비자잉여 추출

- 가격차별
- 이부가격 설정
- 블록가격설정
- 상품일괄판매

Ⅲ. 특수한 비용과 수요구조하의 가격설정 전략

- 최대 부하가격
- 이전가격설정
- 교차보조

Ⅳ. 치열한 가격경쟁이 있는 시장에서 가격설정 전략

- 가격 매칭보장
- 무작위 가격설정
- 브랜드 충성도

이 장에서는 어느 정도 시장지배력을 가진 기업의 가격설정방법에 대해 분석할 것이다: 독점, 독점적 경쟁, 과점에서의 기업. 우리가 7장에서 배웠듯이 완전경쟁에서는 개별기업이 제품의 가격에 대해 어떠한 영향도 주지 못한다; 가격은 시장의 힘에 의해 결정된다. 그러므로 완전경쟁시장에서 가격설정은 간단하다: 시장의 다른 기업들도 시장에서 결정된 가격으로 그들의 제품 가격을 결정한다.

이와는 대조적으로 시장지배력을 갖고 있는 기업들은 그들이 부과하는 가격에 어느 정도 영향력을 갖고 있다. 그러므로 경영자는 기업의 이윤극대화를 위한 몇 가지 기본적인 가격설정전략을 배우는 것이 중요하다. 이 장에서는 경영자가 쉽게 접할 수 있는 정보를 이용하여 가격설정전략을 시행하는데 유용한 실질적인 조언을 해준다. 예를 들어, 제품 가격을 결정하는데 이용되는 이윤극대화 마크 업(markup)을 결정하기 위해, 경영자가 수요탄력성에 대한 공개된 정보를 어떻게 이용할 수 있는지를 살펴볼 것이다.

최적의 가격설정(pricing)은 산업의 시장구조와 이용할 수 있는 (광고와 같은) 도구에 따라 회사마다 다를 것이다. 따라서 이윤을 극대화시키는 가격을 결정하기 위해 독점, 독점적 경쟁, 과점에서 기업에 의해 이용되는 기본적인 가격설정전략부터 분석될 것이다. 그리고 기업이 훨씬 더 큰 이윤을 갖도록 해주는 더욱 정교한 가격설정전략에 대해 분석할 것이다. 이 장에서 설명되는 특별한 가격설정기법은 어떠한 상황에서는 적용되는데 반해 다른 상황에서는 적용되지 않는다는 것을 주의하라. 여러분은 어떻게 전략을 시행할 것인가에 대한 것뿐만 아니라, 각 전략이 적용될 수 있는 가능한 조건을 숙지해야 한다.

I 기본적인 가격설정 전략

1. 마크업 가격설정 원리

한 기업 제품의 수요탄력성을 E_F라고 하자.

$$MR = P[1 + E_F] / E_F$$

이윤극대화 조건인 $MR = MC$로 놓고 위의 식을 다시 정리하면 가격설정 공식:

$$P = [E_F / (1 + E_F)] \times MC$$

최적가격은 관련비용이상의 단순한 마크업이다!

- 수요의 탄력성이 높을수록 마크업이 낮아진다.
- 수요의 탄력성이 낮을수록 마크업은 높아진다.

예시

코닥 필름의 수요탄력성은 -2다.

$$P = [E_F / (1 + E_F)] \times MC$$
$$P = [-2 / (1 - 2)] \times MC$$
$$P = 2 \times MC$$

가격은 한계비용의 두 배다.
코닥필름가격의 50%는 제조원가를 제외한 이윤(마진)이 된다.

2. 쿠르노 과점의 마크업 원리

동일제품 쿠르노 과점
N=산업내 기업의 총 수
E_M=시장수요탄력성

개별기업의 수요탄력성은 $E_F = E_M \times N$

Since $P = [E_F/(1+E_F)] \times MC$,

$P = [NE_M/(1+NE_M)] \times MC$.

기업수가 많아질수록 이윤극대화 마크업은 낮아진다.

예시

동일제품 산업, 3개의 기업

$MC = \$10$. 시장수요탄력성은 $-1/2$

이윤극대화 가격은?

$E_F = NE_M = 3 \times (-1/2) = -1.5$.

$P = [E_F/(1+E_F)] \times MC$.

$P = [-1.5/(1-1.5)] \times \$10$.

$P = 3 \times \$10 = \$30$.

II 소비자잉여 추출

1. 가격차별

- 단일가격시장에서 벗어남

지금까지 대부분의 모형에서는 단일의 균형가격 모형. 실제로 시장에서는 서로 다른 많은 가격이 부과된다.
가격차별은 더 높은 가격을 받기 위해 같은 상품에 대해 소비자에게 다른 가격을 부과하는 전략이다.

■ 기본적인 가격차별 전략은 3개:

- 1차(완전) 가격차별
- 2차 가격차별
- 3차 가격차별

(1) 1차(완전) 가격차별

각 소비자에게 추가로 구입하는 각 단위당 그가 지불하고자 하는 최대값을 부과하는 전략

기업은 소비자잉여를 모두 얻게 된다.

■ 주의사항

- 실제로는 거래비용과 정보의 제약으로 이것을 완벽하게 실행하는 것은 어렵다(하지만 자동차 딜러나 몇몇 전문 직종은 예외).
- 소비자가 제품을 다시 팔 수 있을 때에는 제 1차 가격차별 전략은 작동하지 않는다.

(2) 2차 가격차별

수량의 증가에 따라 각 구간별 가격을 낮추는 전략. 1차 가격차별이 가지고 있는 정보의 제약을 제거

〈예〉 전력사업

(3) 3차 가격차별

동일한 제품에 대해 상이한 소비자 그룹에게 상이한 가격을 부과하는 전략

3차 가격차별이 이루어지기 위해서는 각 그룹이 관찰가능한 차별성을 가져야 한다.

〈예〉 '학생 할인'이나 '고령자 할인', '지역적, 그리고 국제적 가격설정' 등이 있다.

■ 3차 가격차별 공식

한 제품의 총수요가 탄력성이 서로 다른 두 그룹으로 구성되어 있다고 가정: $E_1 < E_2$.

그룹 1의 가격민감도가 그룹 2보다 더 높다는 것을 주목.

이윤극대화 가격은?

$P_1 = [E_1/(1+E_1)] \times MC$

$P_2 = [E_2/(1+E_2)] \times MC$

예시

코닥필름의 수요탄력성이 미국에서는 $E_U = -1.5$, 일본에서는 $E_J = -2.5$, 필름제조에 대한 한계비용은 \$3 가정.

$$P_U = [E_U/(1+E_U)] \times MC = [-1.5/(1-1.5)] \times \$3 = \$9$$
$$P_J = [E_J/(1+E_J)] \times MC = [-2.5/(1-2.5)] \times \$3 = \$5$$

코닥의 3차 가격차별 최적 가격설정전략은 수요탄력성이 작은 미국에서 더 높은 가격을 부과하는 것이다.

2. 이부가격 설정(two-part pricing)

서로 다른 판매단위에 대해 다른 가격을 부과할 수 없지만 수요에 대한 정보를 알고 있을 때, 이부가격설정을 통해 모든 소비자잉여를 얻어낼 수 있다.

이부가격설정은 '고정요금'과 각 구매단위당 '단위당요금'으로 구성.

〈예〉 입회비와 시설이용료가 있는 헬스클럽, 골프장

■ 이부가격 설정방법

1. 한계비용 가격설정(단위당 가격설정)
2. 소비자 잉여(단위당 가격에서 각 소비자가 얻는 소비자 잉여) 측정
3. 고정요금을 소비자 잉여와 같게 한다.

3. 블록가격 설정

여러 개의 같은 제품을 한 묶음으로 포장하여 하나의

패키지로 판매하는 전략

〈예〉 휴지묶음, 6개 묶음 음료수, 참치 통조림 묶음

4. 상품일괄판매

여러 가지 상이한 제품을 함께 묶어 그것들을 하나의 "일괄판매가격"으로 파는 방법

〈예〉 여행패키지 상품 : 항공료, 호텔, 식사 묶음

III 특수한 비용과 수요구조하의 가격설정 전략

1. 최대부하가격 설정(peak-load pricing)

피크시간대의 수요가 기업설비능력 이상일 때, 기업은 최대부하가격 설정전략을 취해야 한다.

피크시간대 (D_H)에는 더 높은 가격(P_H)을 책정.

반대로 피크시간대가 아닐 경우(D_L)에는 낮은 가격(P_L)을 책정.

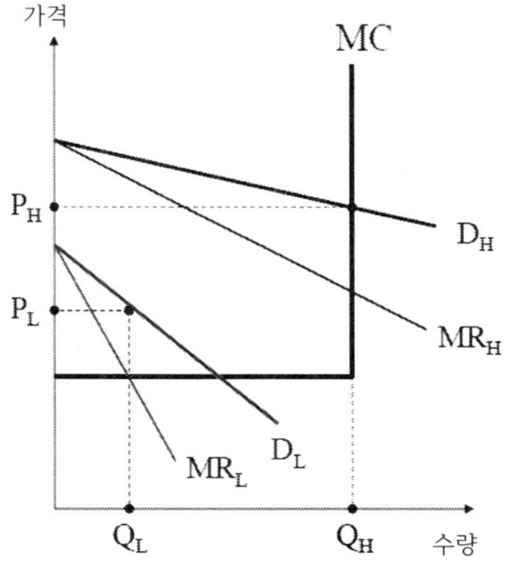

2. 교차보조

하나의 상품에 책정된 가격이 또 다른 상품의 판매에 의해 보조를 받는 경우.
수요의 보완성 효과가 매우 클 때 수익성이 있음.

〈예〉
인터넷 브라우저와 서버 소프트웨어
음식점에서의 식사와 음료 패키지
Adobe Reader와 Adobe Acrobat

3. 이전가격 설정(transfer pricing)

상위부서가 하위부서에 생산요소를 판매하는 내부가격을 기업전체 기준으로 최적이 되는 가격을 설정하는 전략

이중한계화 문제 초래

- 두 개의 부서로 이루어진 큰 회사를 고려하자.
  - 상위부서는 핵심 생산요소의 유일한 제공자이다.
  - 하위부서는 상위부서에서 생산된 생산요소를 사용하여 최종 산출물을 만든다.
- 부서의 이윤을 극대화시키려는 인센티브 때문에
  상위부서(U) 경영자는 $MR_U = MC_U$에서 생산을 한다.
  - 의미 : $P_U > MC_U$
    마찬가지로 하위부서(D)도 시장지배력을 갖고 있고, 부서의 이윤을 극대화하려는 인센티브를 가질 때, 그 경영자는 $MR_D=MC_D$에서 생산을 한다.
  - 의미 : $P_D > MC_D$

따라서 두 부서는 한계비용을 넘어선 가격을 책정하게 되고 이를 '이중한계화' 라고 부른다.

결과 : 기업의 최적 이윤보다 낮은 이윤.

이전가격설정으로 이중한계화 문제를 해결

이중한계화를 극복하기 위해서, 상위부서에서 하위부서로 판매되는 생산요소의 내부가격은 기업 전체의 이윤이 극대화되도록 설정되어야 한다.
이를 위해서, 상위부서의 한계비용(MC_U)이 하위부서의 순한계수입(NMR_D)과 같아지는 수준까지 상위부서는 생산을 해야 한다.

$$NMR_D = MR_D - MC_D = MC_U$$

상위부서의 문제

최종제품의 수요함수는 P = 10 − 2Q

$$C(Q) = 2Q$$

상위부서의 경영자들은 MC = MR일 때 이윤극대화가 실현한다고 가정.

$$10 - 4Q = 2, \text{ 그래서 } Q^* = 2.$$

P* = 10 − 2(2) = $6, 그래서 상위부서의 경영자들은 단위당 $6의 가격을 하위부서에 부과한다.

하위부서의 문제

최종제품의 수요함수는 P = 10 − 2Q
하위부서의 한계비용은 상위부서에서 부과한 $6.

$$C(Q) = 6Q$$

하위부서의 경영자들은 MC = MR일 때 이윤극대화 실현.

$$10 - 4Q = 6, \text{ 그래서 } Q^* = 1.$$

$P^* = 10 - 2(1) = \$8$, 그래서 하위부서의 경영자들은 단위당 $8의 가격을 책정.

분석

이와 같은 상위부서의 가격전략은 기업 전체적으로 볼 때 최적의 이윤보다 작은 이윤을 초래함.
상위부서는 가격이 $6, 판매수량이 2개가 되어야 이윤극대화를 하게 된다. 불행하게도 하위부서는 너무 높은 $8의 가격을 부과하고, 판매량은 1개가 된다.

$$\text{하위부서의 이윤} = \$8 \times 1 - 6(1) = \$2$$

상위부서의 이윤은 독점이윤 $\$6 \times 2 - 2(2) = \$8$이 아닌,

$$\text{상위부서의 이윤} = \$6 \times 1 - 2(1) = \$4$$

가 된다. 따라서

$$\text{기업 전체의 이윤 } \$4 + \$2 = \$6$$

기업전체를 위한 해결책은?

상위부서의 경영자에게 최적의 이전가격으로서 $2(상위부서의 한계비용)를 설정할 수 있도록 하는 인센티브를 준다.

■ 최적 이전가격하에서의 기업의 총이윤 :

$$\begin{aligned} \text{이윤} &= \$6 \times 2 - \$2 \times \$2 \\ &= \$8 \end{aligned}$$

IV 치열한 가격경쟁이 있는 시장에서 가격설정 전략

1. 가격 매칭보장

■ 경쟁자가 제공한 어떠한 낮은 가격에 대해서도 동등한 가격을 약속하는 광고를 하는 전략

어떠한 회사도 자신들의 가격을 낮추려는 인센티브를 가지지 못한다. 각 회사들은 독점가격을 설정하고 시장을 공유한다.

2. 무작위 가격설정

■ 끊임없이 가격을 변화시키는 전략

소비자들이 경험으로는 어느 기업이 최저가격을 부과하는 것을 알 수 없기 때문에 가격을 더 조사해보려는 소비자들의 인센티브는 줄어들게 된다.

3. 브랜드 충성도

■ 같은 브랜드를 지속적으로 구매하게 하는 소비자 취향유도

몇몇의 소비자들은 비록 다른 기업의 가격할인에도 불구하고 특정 기업에 대해 충성적인 고객으로 남아있다.

광고와 단골손님들을 위한 프로그램 때문에 기업들은 충성스러운 소비자들을 유인할 수 있다.

요약

- 1차 가격차별전략, 블록가격설정, 이부가격설정전략을 통해 기업은 소비자 잉여 전체를 추출해서 가져간다. 반면, 상품일괄판매, 2, 3차 가격차별전략 등은 소비자 잉여의 일부분만을 기업이 가져가도록 한다.
- 단순 마크업 법칙은 가장 쉽게 쓰이지만, 소비자에게 가장 많은 잉여를 주게 되고 이중한계화의 원인이 될 수 있다.
- 서로 다른 전략들은 서로 다른 정보를 필요로 한다.

기업사례 10-1 실용적인 방법 : 마크업(mark-up) 가격설정

가내 생산자들과 자기 스스로 조립하는 제품을 만드는 사람들이 제품을 홍보하고 판매하는 행사를 많은 쇼핑센터와 벼룩시장이 후원하고 있다. 대부분의 이러한 소규모 사업은 경제학에 대한 지식이 거의 없는 동업조합에 의해 운영되지만 그들은 종종 많은 이윤을 얻는다. 어떻게 이러한 기술자들이 이윤을 극대화하는 가격을 찾았는지 우리는 의문을 가질 수 있다-혹은 그들이 이윤을 극대화하는 가격을 찾았는가?

만일 당신이 그들에게 묻는다면, 이러한 행사에 빈번히 출연하는 대부분의 기술자들은 실용적인 방법의 **마크업 전략**을 사용한다는 것을 알게 될 것이다. 그들은 원료가격에다가 그들의 시간 당 임금을 더하여 한계비용의 1.5배에서 5배 사이로 가격을 부과한다. 그들은 어떻게 가격을 결정하는가? 시행착오를 통하거나 기술자들로부터 입을 통해서 결정한다.

누가 높은 마크업을 갖는가? 누가 낮은 마크업을 갖는가? 매우 독특하고 높은 수준의 공예기술을 보여주는 제품들은 높은 마크업을 갖는 반면에, 시간이 있을 때 거의 누구나 만들 수 있는 제품들은 낮은 마크업을 갖는다. 이것은 정확히 경제이론이 예상하는 결과이다. 제품이 독특하면 할수록 대체재는 더 적으므로 쉽게 모방할 수 있는 것보다 더 비탄력적인 수요를 갖는다. 이러한 사실은 이윤을 극대화하는 마크업을 의미한다.

기업사례 10-2 온라인 시장에서 일괄판매와 '가격구성'

온라인과 우편을 통한 주문을 통해 구매하는 소비자는 실제적으로는 제품과 배송을 일괄구매하는 것이다. 판매자가 이러한 묶음에 대해 가격을 어떻게 표시하는가에 대한 방법이 판매에 영향을 미칠 수 있을까?

상점에서는 판매되지 않는 제품이라고 TV에 선전하는 기업은 아마도 다음과 같이 생각하는 것 같다. 예를 들어보자. 10개 세트의 Ginsu칼의 가격이 $39.95, 그리고 운송료 $9.95으로 구성되어 있다고 하자. 만일 소비자가 완전히 합리적이라면 이 칼의 판매는 실제적으로 일괄판매(묶음)가격에 의해 결정될 것이다. 여기서 가격이란 상품가격에 운송료를 포함한 $49.90의 **일괄판매(묶음)가격**이 되는 것이고 각각의 가격구성이 어떻게 되어 있는가는 상관이 없다.

또 다른 가격구성의 효과를 테스트하기 위해 Hossain과 Morgan은 e-Bay에 음악CD와 X-box 비디오게임 카트리지에 대해 경매를 실시했다.

각 제품에 대해 하나는 운송료포함 $4부터 경매를 시작하고, 다른 하나는 경매시작가격 1센트와 운송료 $3.9의 경매였다. 이렇게 두 가지 경매에서 실제적인 경매 시작가격은 $40이다.

또한 두 경매에서 모두 특급우편을 이용한다고 표시했었다.

Hossain과 Morgan은 두 가지 경매 중 시작가격이 1센트인 경매가 4달러 시작가격 경매에 비해 항상 더 많은 입찰자를 끌어들였으며 그 결과 상당히 더 높은 수입을 올렸다는 것을 발견했다–운송료를 고려한 실제의 가격들이 이러한 모든 경매에서 동일함에도 불구하고. 시작가격 경매(opening bid)와 운송료에 2달러가 추가되었을 때, 비슷한 결과가 X-box게임 카트리지 경매에서 나타났다. 따라서 현실세계에서의 소비자들은 제품의 가격이 낮게 책정된 **일괄판매가**를 선호하는 일종의 심리적인 계산방법을 사용하는 것처럼 보인다– 비록 이와 같이 상대적으로 낮은 가격이 상대적으로 높은 운송료와 연관되어 있다 하더라도.

출처: Tanjim Hossain and Jonn Morgan, "..... Plus Shipping and Handling: Revenue(Non) Equivalence in Field Experiments on eBay," *Advances in Economic Analysis & Policy* 6, no. 2 (2006)

기업사례 10-3 가격매칭보장과 최저가보장(LPG)의 일반적 보급

온라인 여행서비스 시장에서 경쟁은 Orbitz사에 의해 광고된 것처럼 강화되었다. 그 내용은 아래와 같다.

당신이 동일한 호텔, 객실유형, 그리고 숙박날짜에 대해 Orbitz보다 더 저렴한 가격을 발견하거나, 또는 Orbitz.com에서 확인예약 후 24시간 내에 다른 웹싸이트에서 더 저렴한 가격을 발견한다면, 당신이 환불대상의 자격이 있는 것을 증명하기만 하면 Orbitz는 그 차액만큼을 되돌려 줄 것이다.

이러한 광고는 경제학자들이 말하는 **최저가격보장(low-price guarantee, LPG)**의 예이다.

LPG는 기업이 더 높은 가격을 부과하도록 하는데, 그 이유는 최저가 보장이 어떤 상점의 가격보다 경쟁자들이 더 싸게 팔도록 하는 인센티브를 약화시키기 때문이다. 여러분이 일요신문을 대략 살펴 보면, LPG가 점점 더 자동차 딜러, 사무용품 가게, 전자상점, 슈퍼마켓과 여러 종류의 소매상점들 사이에서 유행하고 있다. 예를 들어, Arbatskaya, Hviid, and Shaffer는 타이어 소매상점들이 신문광고에서 LPG를 사용하는 빈도수를 조사했다. 미국전역의 500개 이상의 타이어 광고표본 중에서, 절반 이상이 LPG를 활용하고 있었다.

출처 : Maria Arbatskaya, Morten Hviid, and Greg Shaffer, "The Effects of Low-Price Guarantees on Tire Prices." *Advances in Applied Microeconomics* 8(1999), pp. 123-38

기업사례 10-4 항공산업에서 무작위가격 설정(randomized pricing)

항공요금은 매일 215,396번 변한다. 이것은 하루에 분 당 150번 정도 변한다는 것을 의미한다. 국내 항공사는 다른 기업의 가격을 감독하는데 상당한 금액을 쓴다.

항공사들은 경쟁자들이 끊임없이 상대방의 가격을 알아내어 그보다 더 싼 가격을 제시하려는 버트란드 시장에서 경쟁하고 있다.

브랜드 충성도를 유도하는 frequent flyer(마일리지보상계획)제도에도 불구하고 항공여행을 하려는 많은 사람들이 더 저렴한 항공 표를 알아내기 위해 온라인을 활용한다. 이처럼 가격에 민감한 고객들을 유치하기 위해 항공사는 시장에서 가장 낮은 가격을 부과하는데 성공해야 한다.

왜 항공요금은 그렇게 자주 변하는가? 항공시장의 현재 구조하에서 항공사는 자신의 **가격을 무작위로 책정**하는 것이 유리하다고 판단한다. 이것은 경쟁사나 고객들이 과거의 경험으로부터 어떤 특정 노선의 가격이 정확히 얼마인지 알 수 없도록 만들어 자신에게 이윤을 가져오는 기회로 만들기 때문이다. 가격을 자주 바꿈으로써 항공사는 경쟁자가 고객을 빼앗아 가기 위해서 싸게 팔아야 하는 가격을 알지 못하게 한다. 시간에 걸쳐 무작위로 변하는 가격을 통해 항공사는 주어진 시점에서 시장에 가장 높은 가격 또는 가장 낮은 가격을 부과할 수 있을 것이다. 가장 낮은 가격 부과했을 때에는, 항공사는 가격에 민감한 사람과 자기 회사에 충성도를 가진 고객에게 티켓을 판매한다. 항공사가 높은 가격을 부과할 때에는, 가격에 민감한 여행자는 다른 항공사로부터 티켓을 구매함에 따라 항공사는 그 회사에 충성도를 가진 고객에게만 판매한다.

출처: Michael R. Baye and Casper G. de Vries, "Mixed Strategy Trade Equilibrium," *Canadian Journal of Economics* 25(May 1992), pp. 281-93; Susan Chen, "Differences in Average Prices on the Internet: Evidence From the Online Market for Air Travel," *Economic Inquiry*, 44, 2007, pp.666-70

11 정보경제학

Ⅰ. 평균과 분산

Ⅱ. 불확실성과 소비자 행위

Ⅲ. 불확실성과 기업

Ⅳ. 불확실성과 시장

Ⅴ. 경매

지금까지 시장형성과정의 참여자인 소비자와 기업은 완전한 정보의 혜택을 누린다고 가정했다. 이 가정은 사실이라기보다는 허구라는 것을 쉽게 알 수 있다. 그럼에도 불구하고 지금까지의 분석은 우리에게 시장을 이해하는데 도움을 줄 수 있다. 실제로 그것은 불확실성과 불완전정보의 효과를 통합한 더 복잡한 분석의 토대가 된다.

고급 경제학에서는 사람들이 완전한 정보를 누린다는 가정을 완화해 간다. 불완전정보에 직면한 의사결정의 이론적 모델은 이 책의 범위를 벗어나지만, 불확실성하에서의 의사결정에 대해서는 몇 가지 중요하게 살펴볼 것들이 있다. 우선, 불확실성이 의미하는 바를 체계적으로 설명할 것이고, 소비자 행위에 미치는 불확실성의 영향에 대해 분석할 것이다. 그리고 경영자가 불확실성 위험에 대응할 수 있는 수단에 대해 간략히 설명할 것이다. 마지막으로, 경매시장을 포함한 시장에서 불확실성에 대한 여러 가지 중요한 의미를 살펴 볼 것이다.

I 평균과 분산

1. 평 균

확률변수의 기대값 또는 평균

기대값은 서로 다른 결과가 일어날 확률에다 그에 따른 보수를 각각 곱한 합으로 계산.

$$E[x] = q_1x_1 + q_2x_2 + \cdots + q_nx_n$$

여기에서 Xi는 보수 i, qi는 보수 i가 일어날 가능성.

그리고,

$$q_1 + q_2 + \cdots + q_n = 1$$

평균은 확률변수의 평균값에 대한 정보를 제공하지만, 확률변수와 관련된 위험의 크기에 대해서는 어떤 정보도 제공하지 못함.

2. 분산과 표준편차

- 위험의 측정값: 분산 또는 표준편차
- 분산은 서로 다른 결과가 일어날 확률에다 확률변수의 평균으로부터의 편차의 제곱을 각각 곱한 것의 합.

$$s^2 = q_1(x_1 - E[x])^2 + q_2(x_2 - E[x])^2 + \cdots + q_n(x_n - E[x])^2$$

- 표준편차는 분산의 제곱근
- 분산(표준편차)이 크면 위험이 높음.

II 불확실성과 소비자 행위

1. 위험의 종류

- 위험회피 : $M의 기대치를 갖는 것보다 확실한 $M을 더 선호하는 개인
- 위험선호 : 확실한 $M보다 $M의 기대치를 갖는 것을 더 선호하는 개인
- 위험중립 : 확실한 M$와 M$의 기대치를 갖는 것 사이에 무차별한 개인

2. 위험회피가 소비자의 의사결정에 어떻게 영향을 미치는가?

- 위험회피적인 소비자는 같은 기대치의 불확실한 것보다 확실한 것을 더 선호한다.

사례

(1) 제품의 질

→ 소비자들은 기존의 제품을 계속 사용하는 경향. 새로운 제품을 판매하려는 기업은 다음의 방법을 활용

1) 정보형 광고 2) 무료 샘플 3) 보장

(2) 체인점 선호

(3) 보험 선호

3. 가격 불확실성과 소비자 탐색

소비자는 동일한 제품을 판매하는 많은 가게를 알지만 그 가게들은 서로 다른 가격을 부과함. 소비자는 그 제품을 가능한 한 가장 낮은 가격에 구매하기를 원한다. 그러나 소비자는 가격정보를 획득하기 위해서 비용(c)을 지불해야 한다.

- 자유로운 리콜과 대체가 가능하다고 가정.

  자유로운 리콜은 고객이 이미 구입한 어떤 가게에서도 반품할 수 있다는 것을 의미한다.

- 소비자의 유보가격은 R(Reservation)이며, 이 가격에서는 소비자가 구매하는 것과 계속 탐색하는 것 사이에 무차별함.
- 언제 소비자는 가격정보를 위한 탐색을 중단해야 하는가?

■ **소비자 탐색 법칙**

소비자는 기대편익(R) = c. 가 될 때까지 탐색.

그러므로, 소비자는 관찰된 가격이 R보다 더 클 때 더 낮은 가격을 위한 탐색을 계속할 것이고, 관찰된 가격이 R보다 작을 때 탐색을 중단할 것이다.

더 낮은 가격을 찾아다니는 소비자의 의사결정에 대한 분석은 가격을 설정하는 경영자를 돕는데 이용될 수 있다. 특히, 소비자가 가격에 대해 불완전한 정보를 가지고 있고 탐색비용이 낮을 때, 경영자가 설정하는 최적 가격은 탐색비용이 높을 때의 최적가격 보다 더 낮을 것이다. 더욱이 경영자는 그들의 제품가격을 소비자의 유보가격 이상에서 책정하지 않도록 주의해야 한다. 그렇지 않으면 소비자는 다른 상점의 더 낮은 가격을 찾게 될 것이다.

만약 당신 가게에서 많은 소비자들이 "둘러만 보고" 구매를 하지 않는 것을 당신이 관찰했으면, 당신의 가격이 그들의 유보가격 위에서 설정되었고, 그들은 계속해서 더 낮은 가격을 찾아 탐색하기로 결정했다는 신호가 될 수 있다.

III 불확실성과 기업

■ 위험 회피: 경영자는 위험회피적인가, 혹은 위험중립적인가?

■ 경영자의 위험회피 사례: 다각화

"한 바구니에 당신의 모든 계란을 담지 말라."

■ 이윤 극대화

수요가 불확실할 때, 기대한계수입과 한계비용이 같은 점에서 기대이윤은 극대화 된다 : E[MR] = MC.

IV 불확실성과 시장

불확실성은 자원을 효율적으로 배분할 수 있는 시장의 능력에 상당히 영향을 줄 수 있다.

1. 비대칭 정보

어떤 사람들이 다른 사람들보다 더 나은 정보를 가질 때 존재하는 상황
〈예〉 내부자 거래

비대칭 정보의 두 가지 유형

(1) 감추어진 특성(hidden characteristics)

거래의 한 당사자는 자신에 대해 알고 있으나, 다른 당사자는 알지 못하는 정보가 있을 때.
→ 역선택 초래

(2) 감추어진 행동(hidden actions)

거래상대방에 의해 관찰될 수 없으면서 거래의 한 당사자가 취할 수 있는 행동
→ 도덕적 해이 초래

2. 역선택

개인들이 감추어진 특성을 가지고 있으며 선택 과정에서 바람직하지

않는 특성을 가지고 있는 그룹의 개인들이 선택되는 상황.
〈예〉 의료계획의 선택, 높은 이자율 대출, 불량한 기록을 가지고 있는 운전자에 대한 보험

3. 도덕적 해이

계약의 한 당사자가 다른 당사자의 희생을 통해 그에게 이득이 되는 감추어진 행동을 취할 수 있는 상황.
〈예〉 주인-대리인 문제. 렌터카 운전자의 주의 의무.

4. 가능한 해결책

(1) 신호보내기(signaling)

정보를 가진 당사자가 자신의 감추어진 특성을 인식시킬 수 있는 표시를 정보를 가지지 못한 상대방에게 보내는 것. 이것이 작동하기 위해서는, 그 신호가 다른 사람들에 의해 쉽게 모방될 수 없어야 한다.
〈예〉 교육경력

(2) 선별 또는 심사(Screening)

- 정보를 가지고 있지 않은 당사자가 특성에 따라 거래상대방을 구분하려 하는 시도.
- 종종 자기선택 장치를 통해서 얻어진다.
- 정보를 가지고 있는 당사자들에게 가능한 선택옵션이 제시되고, 그들이 선택한 옵션이 정보를 가지지 않는 당사자에게 그들의 특성을 드러나게 해주는 메커니즘.

V 경매

1. 경매 대상품 종류

- 예술품, 미국 단기국채(T-Bills), 주파수(방송)
- 소비재(eBay 등 인터넷 경매 사이트)
- 석유리스

2. 경매의 주요 유형

- 영국식 경매
- 1위 값의 밀봉입찰 경매
- 2위 값의 밀봉입찰 경매
- 네덜란드식 경매

(1) 영국식 경매

- 올림차식 순차적 입찰 경매

(2) 1위 값, 밀봉입찰

- 입찰자들이 동시에 종이 조각에 입찰가를 제출하는 경매.
- 가장 높은 가격을 제시한 입찰자가 낙찰
- 입찰자들은 다른 사람들의 입찰가를 모름.

(3) 2위 값, 밀봉입찰

- 1위 값, 밀봉입찰 경매와 동일한 입찰과정
- 그러나, 낙찰받은 입찰자는 2번째로 높은 입찰자가 제시한 금액만을 지불.

(4) 네덜란드식 경매

- 내림차식 순차적 경매
- 경매인은 높은 가격으로 시작함.
- 어느 한 입찰자가 제시된 가격을 받아들일 때까지 입찰가는 떨어진다.
- 전략적인 측면에서 1위값, 밀봉입찰 경매와 동일함.

낙찰자의 저주

- 공통가치 경매에서, 낙찰자는 물건의 진실된 가치에 대해 가장 낙관적인 입찰자이다. 낙찰자의 저주는 기업경영자가 피해야 하는 위험이다.
- 낙찰자의 저주를 피하기 위해서, 입찰자는 물건에 대한 사적 가치추정치를 하향으로 수정해야만 한다.
- 낙찰자의 저주는 밀봉입찰 경매에서 특히 발생한다.

요약

- 정보는 실제의 입찰자들이 의사결정을 하는데 있어서 중요한 역할을 한다.
- 정보를 얻기 위해 비용이 들 때, 소비자들은 관찰된 가격이 소비자들의 유보가격보다 더 큰 경우에는, 가격정보를 계속 찾으려고 할 것이다.
- 한 기업이 부과하는 가격에 불확실성이 있을 경우, 기업은 기대한계수입과 한계비용이 같은 점에서 이윤을 극대화한다.
- 많은 물건들이 경매를 통해 판매되고 있다.
  - 영국식 경매
  - 1위 값, 밀봉 입찰 경매
  - 2위 값, 밀봉 입찰 경매
  - 네덜란드식 경매

생활속 사례 불확실성하의 선택

지난 10월 말 537.8을 기록했던 종합주가지수는 최근 상승을 지속하여 금일(12.6일) 10시 30분 현재 711.0포인트를 넘어서고 있다. 만약 10월말에 종합 주가지수와 동일한 움직임을 보이도록 여러 종목의 주식을 잘 조합하여 사두었다면 1개월 여만에 32.2%의 수익을 낼 수 있었을 것이다. 예금은행의 수신평균금리(10월 신규취급액 기준)가 연 4.03%를 기록하였으므로 은행에 약 4년 맡겨두었다가 받을 수 있는 이자를 1개월만에 벌 수 있었던 셈이다.

그러나 주식으로 '돈 버는 것'이 그리 쉬운 일이 아니라는 것은 대부분의 사람들이 안다. 과연 주가가 올라갈 것인지, 오르면 얼마나 올라가고, 최고점은 언제가 될지 등을 확실히 알 수 없기 때문이다. 이처럼 미래가 불확실한 상황에서도 사람들은 나름대로의 전망을 가지고 어떤 일을 선택하고 수행해야만 할 때가 많다. 불확실한 상황에 대처하는 태도는 사람들마다 다르게 나타나는데 경제학에서는 이를 아래와 같이 3가지로 분류하여 설명한다.

이해를 돕기 위해 다음과 같은 복권을 예로 들자. 이 복권은 무료로 나누어주며, 선택에 따라 복권 대신 '복권이 확률적으로 가져다 줄 수 있는 수익'(='기대수익')만큼 현금을 주기도 한다. 당첨되면 1,000원을 주고 당첨확률은 30%이다. 그러면 복권의 기대수익은 300원*이 된다. 이제 '갑'에게 복권과 현금(300원)을 선택하라고 했을 경우 갑은 어떠한 선택을 할 것인가?

* 300원 = 1,000원(당첨금) x 0.3(당첨확률) + 0원(당첨 안될 경우) x 0.7(확률)

먼저 갑이 **위험회피적**(risk-averse)이라면 갑은 300원을 선택하게 된다. 이런 부류의 사람들은 복권이 주는 '더 받을 수도 있지만 못 받을 수 있는 불확실한 기대수익' 300원보다는 확실하게 손에 쥐어지는 300원을 더 좋아한다. 이와는 대조적으로 **위험선호적**(risk-loving)이라면 300원을 현금으로 받는 것보다는 한 푼도 못 받을 위험을 무릅쓰더라도 당첨금(1,000원)을 위해 복권을 선택한다. 마지막으로 갑이 **위험중립적**(risk-neutral)이라면 복권을 선택할 수도 있고 현금을 선택할 수도 있게 된다.

이와 같이 불확실한 상황에서의 선택은 사람들마다 다양하게 나타나는데 이런 상황들이 실생활 여러 곳에서 일어나고 있다는 점에 주목할 필요가 있다. 서두에서 말한 주식투자의 경우도 그 예가 된다. 즉 주식시장에서도 보수적 투자자가 있는 반면 위험을 무릅쓰고 불확실성이 높은 종목에 투자하여 높은 수익을 기대하는 사람도 있는 것이다. 그러나 중요한 것은 사람마다 주가 전망이 다르고 위험에 대한 태도가 다른 덕분에 주식거래가 이루어질 수 있다는 점이다.

다음으로 보험도 불확실성하의 선택에서 좋은 예가 된다. 암보험을 예로 들면 보험사는 암에 걸릴 확률과 수입보험료 운용에 따른 기대수익률 등을 감안하여 보험료를 정하게 된다. 그런데 만약 세상에 위험회피적인 사람들이 극단적으로 많다면 보험료는 어떻게 될까? 보험료가 높아도 '혹시 암에 걸리면?'하고 걱정하는 사람들이 보험에 기꺼이 가입할 것이기 때문에 올라갈 것이다. 그러나 실제로는 위험에 대해 다양한 태도의 사람들이 존재하므로 보험료도 어느 정도 합리적으로 결정되게 된다.

마지막으로 경마, 경륜, 카지노 등 사행산업의 예를 보자. 이 경우에는 참가자들 대부분이 일단 위험선호자들이다. 기대할 수 있는 수익이 마권 등을 사는데 지불해야 하는 비용보다 분명히 작기 때문이다. 물론 이것을 여가로 즐긴다면 문제가 되지 않을 것이나 극단적으로 위험을 선호하여 이들에 탐닉하게 됨으로써 파산지경에 이르는 경우는 문제가 될 것이다.

결론적으로 위험에 대한 태도의 다양성 덕분에 전체적으로는 여러 경제활동이 원활하게 돌아가고 있다. 그러나 개개인으로 보면 위험에 대한 태도에 따라 손해를 볼 수도 있으므로 각 개인은 스스로의 책임하에 신중한 선택을 할 수밖에 없을 것이다.

생활속 사례 유보가격(reservation price)

원가는 비슷한데 왜 아이스커피가 핫커피보다 비쌀까

몇 년 전 한 텔레비전 방송프로그램으로부터 인터뷰 요청을 받았다. 커피전문점에서 파는 아이스커피 가격이 핫커피보다 비싼 이유에 대해 경영학자의 설명을 듣고 싶다고 했다. 방송 제작진의 조사에 따르면 아이스커피 가격이 핫 커피와 동일한 곳에서부터 1,000원 이상 비싼 곳까지, 그 차이가 천차만별이었다. 두 커피의 가격 차이는 계절에 따라서도 달랐는데, 보통 아이스커피가 핫커피보다 더 많이 팔리는 6월부터 9월까지 두 커피의 가격 차이가 가장 많이 벌어졌다.

커피전문점 관계자에게 가격차이의 원인에 대해 문의해보니 그 대답도 십인십색(十人十色)이었다. 아이스커피에는 얼음이 추가로 들어가기 때문에 원가가 올라간다는 설명부터 아이스커피 용기가 핫커피 용기보다 비싸다는 설명, 차가운 음료를 마실 때 소비자는 맛을 덜 느껴 아이스커피에는 에스프레소 한잔을 추가로 넣기 때문에 가격이 올라갈 수밖에 없다는 설명에 이르기까지 점주에 따라 대답은 다양했다.

하지만 원가로 아이스커피와 핫커피의 가격 차이를 설명하려는 노력은 그리 설득력이 있는 것 같지 않다. 커피전문점 사업에서 원두·얼음·용기 등 재료비가 차지하는 원가 비중은 커피 소매가격의 5% 또는 150원 미만이다. 대부분 비용은 임차료·물류비용·로열티·인건비·광고 등 마케팅 비용이 차지한다. 에스프레소 한 잔 추가하는 비용이나 얼음비용은 극히 미미하다.

굳이 원가차이로 설명하고 싶다면, 커피를 제조하는 과정에서 소요되는 인건비 차이로 해명하는 편이 낫다. 아이스커피는 따뜻한 커피원액을 얼음으로 식히는 공정이 추가로 필요하기 때문에 제조시간이 핫커피에 비해 2~3배 필요하고, 그 결과 인건비가 높아진다는 식의 설명이 더 설득력 있어 보인다.

그러나 경영학자 입장에서 보자면 다른 설명을 할 수 있다. 제품가격을 결정하는 가장 중요한 두 요소 '원가'와 '수요'다. 그런데 아이스커피와 핫커피 두 품목 간 원가차이는 미미하다. 이 때문에 두 커피의 가격 차이는 수요에서 원인을 찾아야한다.

핫커피는 구매자에게 카페인을 제공하는 반면, 아이스커피는 카페인뿐 아니라 갈증해소라는 추가적인 혜택을 제공한다. 특히 여름에는 갈증을 해소하려는 욕구가 커진다. 여름철 아이스커피의 가격이 핫커피보다 비싼 이유는 아이스커피가 구매자에게 제공하는 혜택이 핫커피 구매자에게 제공하는 혜택보다 크기 때문이다. 즉, 아이스커피 구매자의 **유보가격**(reservation price · **소비자가 지불할 용의가 있는 최대가격**)이 핫커피 구매자의 유보가격보다 높다는 얘기다.

두 커피 가격차이에 대한 내 강의를 말없이 경청하던 제작진의 표정은 그리 밝지 않았던 것으로 기억한다. 내 설명이 이해되지 않아서가 아니라, 가격차이의 이유가 그리 정의롭지 않다고 생각하는 것 같았다. 날씨가 더워져 목마름을 호소하는 소비자의 욕구를 간파해서 얼음조각 몇 개 넣고 가격을 천원이나 올려 받는 커피전문점의 얄팍한 상술이 제작진의 심기를 건드렸던 모양이다.

어쩌면 커피전문점 점주들 역시 아이스커피와 핫커피 가격차이에 대한 내 설명을 이미 잘 이해하고 전략적으로 두 커피의 가격을 차별화하고 있는지 모른다. 그렇다면 점주들은 왜 제작진과의 인터뷰에서 그들이 자신의 가격차별화 정책을 솔직히 털어놓는 대신 구차하게 원가의 차이로 포장했을까. 그 이유는 원가차이 때문에 부득이 가격을 차별화하는 행위를 우리 사회는 윤리적으로 정당하다고 간주하지만, 소비자간 욕구나 취향차이를 활용해 가격을 전략적으로 차별화하는 것은 윤리적으로 정당하지 않다고 믿었기 때문인 것 같다.

아이스커피와 핫커피의 가격을 차별화하는 것과 같은 예는 우리 주변에 무수히 많다. 예컨대 샤넬, 에르메스 등과 같은 명품 브랜드의 원가는 국가별로 별 차이가 없지만 최종소비자 가격은 크게 다르다. 한국에서 유난히 가격을 높게 책정해 우리 소비자를 봉으로 취급하는 외국 명품브랜드 기업을 우리는 비난한다. 하지만 이들을 비난할 필요도 없고, 외국 명품의 국내가격이 높다는 사실을 부끄럽게 여길 필요도 없다.

명품의 국내 가격이 높은 이유는 우리 소비자들은 명품을 구매할 때 가격에 별로 신경을 쓰지 않기 때문이다. 심지어 명품가격이 올라갈수록 좋아하는 소비자도 있다. 그러므로 외국 명품의 국내 가격을 낮추고 싶다면 그 해결책은 간단하다. 외국 명품을 명품이라 여기지 않고 가격에 좀 더 민감하게 반응하는 소비자가 많아진다면 국내 명품 가격은 내려갈 것이다.

(조선일보 2010년 6월 18일)

생활속 사례 토끼전과 정보의 비대칭성

1. 「토끼전」 이해하기

「토끼전」은 작자·연대 미상의 조선 후기의 판소리계 작품으로 동물을 의인화한 우화소설이다. 「토끼전」은 기원전 300년경의 인도의 설화에 뿌리를 둔 불전(佛典)설화가 3~5세기에 중국을 거쳐 우리나라에 들어와 토착화된 고전소설로 알려져 있다.

2. 「토끼전」의 줄거리는?

남해(南海)용왕이 갑자기 병으로 눕게 된다. 백약이 다 무효한데 토끼의 간이 신약이라고 하여 누가 가서 토끼를 잡아오느냐를 논의하던 중, 문어와 별주부가 다투다가 결국 별주부가 이겨 육지로 향하여 떠난다. 멀리 산과 나무가 보이자 별주부는 토끼를 유혹할 궁리를 한다. 별주부는 결국 토끼를 유혹하여 용궁으로 데려와 용왕님께 바친다. 용왕이 기뻐하여 별주부에게 후하게 상을 주고 토끼의 배를 가르려고 할 때에 토끼는 꾀를 내어 간을 육지에 놓고 왔으니 잠깐 멈추라고 간곡히 말한다. 토끼의 꾀에 넘어간 용왕은 별주부를 시켜 토끼와 함께 토끼의 간을 빨리 가져오라고 명하고 육지로 보낸다. 육지에 이르자 토끼는 별주부의 소행을 괘씸하다고 생각하나 분(墳)을 참고 별주부의 죄를 용서하며 왕의 병에 신약이라는 자신의 토분(兎糞)을 주며 용궁에 돌려보낸다. 별주부는 토분을 가지고 용왕의 병을 낫게 하여 충신이 되고 토끼는 신선을 따라서 월궁(月宮)으로 올라간다.

여기에서 토끼를 용궁에 데리고 온 별주부와 용왕이 오히려 토끼의 말을 들으며 고민하고 있는 모습을 볼 수 있다. 그런데 「토끼전」에서 사건이 점차 토끼에게 유리한 방향으로 전개되어 가는 데에는 토끼만이 간을 떼어 낼 수 없다는 것을 정확하게 알고 있다는 것이 매우 중요한 변수로 작용하고 있음을 알 수 있다. **「토끼전」에서처럼 시장에서 거래쌍방 중 한쪽만이 특정 정보를 가지고 있어 상대방보다 더 유리한 협상력을 가지게 되는 상황을 가리켜 정보의 비대칭이 있다고 한다.**

3. 정보의 비대칭성이란?

경제학에서 정보를 분류하는 기준에는 여러 가지가 있는데, 정보적 상황에 따라 대칭정보(symmetric information)와 비대칭정보(asymmetric information)로 분류할 수 있다.

대칭정보란 누구나 동일한 정보를 보유하고 있는 상황을 말하는 반면, **정보의 비대칭성이란 단순히 서로 다른 정보를 보유하고 있거나 동일한 사안에 대하여 우월하거나 낮은 정도의 정보를 각각 가지고 있는 경우를 말한다.**

4. 「토끼전」에 나타나는 정보의 비대칭성

「토끼전」에서 별주부의 유혹에 넘어가 용궁에 도착한 토끼는 용왕의 병을 고치기 위해 자신의 간을 내어 놓아야 한다는 사실을 알게 된다. 다급해진 토끼는 위급한 상황을 모면하기 위해 꾀를 내어 특별한 간을 갖고 있는 토끼들은 보름전에는 간을 뱃속에 넣어두고 보름 후에는 밖에 꺼내두기 때문에 지금은 간을 육지에 두고 왔다고 거짓말을 꾸며낸다. 이때부터 상황은 토끼에게 유리한 방향으로 흘러가게 되는데 이는 지금 용왕에게 특효약인 토끼의 간이 절실히 필요하다는 사실이 용왕 신하들, 그리고 토끼 모두에게 잘 알려진 '공통적인 지식(common knowledge)'이지만 토끼의 '간 출입' 여부는 토끼만이 알고 있는 **'감추어진 속성**(hidden characteristics)'이기 때문이다. 따라서 간이 자신의 뱃속에 있다는 매우 중요한 정보를 가지고 있는 토끼는 용왕과의 협상에서 더 우월한 위치에 있게 되었고 이는 앞에서 설명한 정보의 비대칭 상황이라고 할 수 있다.

5. 정보의 비대칭성으로 인해 발생하는 문제

실제로 시장에서는 정보가 비대칭적으로 분포하는 경우가 대부분이며 이로 인해 문제가 발생하는 경우는 매우 많을 뿐만 아니라 그 양상도 다양하다. 대표적인 예로 역선택과 도덕적 해이를 들 수 있다.

먼저 '역선택(adverse selection)'이란 **거래상대방의 속성에 대한 정보가 부족한 상황에서 막상 바람직하지 않은 상대방과 거래할 가능성이 높은 현상**을 말한다. 보험시장에서 보험에 가입하려는 사람이 사고 확률이 높은 사람인지 아니면 낮은 사람인지 본인은 잘 알고 있지만 보험회사는 이를 구분하기 어려워 평균보험료를 요구하게 될 경우 주로 사고의 위험성이 높은 사람들이 가입하게 되는 상황이 역선택의 대표적인 예가 될 수 있다. 상품시장에서도 이러한 역선택 현상이 쉽게 발생할 수 있는데 조지 애커로프(Gorge Arthur Akerlof, 1940~)가 1970년에 발표한 레몬시장(The Markets for Lemons)에 관한 이론이 대표적인 예이다. 그의 이론에 따르면 중고자동차의 판매자에게는 좋은 자동차와 형편없는 자동차를 구분할 수 있는 정보가 있지만 구매자는 이에 대한 정보가 없어 평균적인 가격을 지불하고 자동차를 사게 된다. 그러나 결국 판매자는 이윤을 높이려고 성능이 형편없는 자동차를 팔게 되어 시장의 자원배분기능이 실패한다는 것이다.

역선택의 문제와 함께 정보의 비대칭으로 인해 발생하는 또 하나의 대표적인 문제는 거래 당사장 중 한쪽의 **'감추어진 행동'**으로 인해 발생하는 **도덕적 해이**(moral hazard)의 문제이다. **도덕적 해이란 어떤 계약 또는 합의 후에 당사자 중 한편이 정보의 비대칭을 이용하여 상대방에게 손해를 끼치면서 자신의 이익을 늘리는 행위**를 하는 것을 말한다. 가령 ① 화재보험에 가입한 사람이 화재예방에 대한 주의의무를 게을리 하는 경우나 ② 정부가 지급보장을 할 경우 은행이 정부의 보증을 믿고 부실기업에 대출을 해주는 행위, 혹은 ③ 전문경영인이 주주의 이익을 위해 이윤을 극대화하기 보다는 자신의 이익을 쫓아 기업의 매출액을 극대화하는 경우나 ④ 상점 주인이 자리를 비웠을 때 종업원이 열심히 일하지 않는 경우 등이 그 예가 될 수 있다.

예로 든 것들 중에서 '주주와 전문경영인', '상점 주인과 종업원'의 관계처럼 어떤 일을 주인이 직접 하기에는 능력이나 시간이 없어 대리인에게 맡길 때에 성립하는 관계를 '주인-대리인의 관계'라고 하는데, 이 관계에서 나타나는 **도덕적 해이**의 문제를 특별히 '**주인-대리인의 문제**(principal-agent problem)'라고 부른다. 대리인(agent)이 주인(principal)을 대신하여 책무를 수행할 때에는 주인이 대리인의 행위를 완벽하게 감시할 수 없어 주인은 대리인이 어떤 행동을 하는지에 대한 완전한 정보를 얻을 수 없게 된다. 따라서 대리인이 주인의 이익보다 자신의 이익을 우선시 하여 행동하는 문제가 발생 할 수 있다.

6. 비대칭 정보와 시장실패

경제학에서 가정하는 완전경쟁시장 모형은 모든 정보를 거래당사자가 완전히 알고 있음을 가정하고 있다. 그렇지만 현실에서 이렇게 완전하게 정보가 알려져 있기를 기대하기는 어렵다.

역선택이나 도덕적 해이 등과 같은 문제를 유발하는 정보의 비대칭적인 분포는 자원의 효율적인 분배를 어렵게 하여 불완전한 시장구조, 외부성, 공공재 등과 함께 시장실패의 한 원인이 된다.

따라서 경제주체들은 비대칭정보의 상황을 극복하기 위하여 다양한 노력을 기울이고 있다. 시장에서는 사용되는 정보의 불균형을 해소하는 방안의 하나로 ① 스티글리츠(Joseph E. Stiglitz, 1943~)가 역설한 '**심사(screening)**'가 있다. 예컨대 '정보의 비대칭성'을 해결하기 위해 보험회사는 보험료가 많이 나가는 가입자를 '위험부류'로 분류해 상대적으로 낮은 혜택을 주고 있는 것이다.

② 또 다른 방법으로, 경제주체들은 정보를 가진 사람이 스스로 자신의 정보를 드러내도록 유도하는 유인체계를 마련하기도 하는데 이는 특히 보수지급 방법에서 쉽게 찾을 수 있다. 매장의 종업원에게 기본급 이외에 판매한 금액에 비례한 보수(성과급)를 지급하는 것이나, 영업실적이 일정 수준을 넘을 경우 특별보너스를 지급하는 것 등이다.

③ 이와 반대로 정보를 가진 쪽에서 자신에게 유리한 정보를 알리기 위하여(**신호, signaling**) 적극적인 노력을 기울이기도 한다. 상품시장에서 기업이 막대한 비용을 들여 광고를 제작하거나 품질보증마크를 얻어 부착하는 것, 노동시장에서의 구직자가 높은 학력을 갖거나 자격증을 취득하는 행위 등은 정보를 가진 쪽에서 자신에게 유리한 정보를 상대방에게 적극적으로 알리기 위한 행위라고 할 수 있다.

④ 국민건강보험이나 자동차책임보험 등과 같이 정부에서 강제로 거래를 하도록 만드는 것도 비대칭정보로 인하여 특정 시장이 위축되는 것을 방지하기 위한 노력의 일환으로 볼 수 있다.

이처럼 정보는 경제주체들의 행동과 시장의 구조 등을 설명하는 데에 매우 중요한 부분을 차지하고 있다. 최근 들어 가장 활발한 이론적 발전이 이루어진 정보경제학(economics of information)은 바로 이러한 정보가 갖는 경제적 의미를 분석하는 경제학의 한 분야이다. 정보경제학은 특히 거래의 양 당사자 사이에서 정보가 비대칭적으로 분포된 상황에서 나타나는 현상에 관심의 초점을 맞추고 있다.

기업사례 11-1 그루초 막스(Groucho Marx)는 경제학자인가?

우리 시대의 가장 유명한 미국 코미디언 중의 한 사람인 그루초는 재미있고 짤막한 농담가(one-liners)로 유명했다. 가장 잘 알려진 농담 중의 하나는 다음과 같다: "나의 사직을 받아주세요. 회원으로 나를 가입시키려는 어떠한 클럽에도 나는 소속되기를 원하지 않는다." 표면적으로는 그 주장이 터무니없는 것처럼 들린다. 그러나, 그것은 또한 일터에서 매우 애매모호하고 영리한 **역선택**의 사례이기도 하다.

예를 들면, 우선 이 사례에서 클럽의 질(quality)이 **정보비대칭**과 관련되어 있다. **그루초는 각 클럽의 질적 수준을 모르지만, 각 클럽은 자신의 질적 수준을 알고 있다. 더욱이, 각 클럽은 그루초가 어떤 사람인지를 관찰할 수 있으며, 그를 클럽에 회원으로 가입시킬지의 여부를 결정할 수 있다.** 그루초가 그에게 회원가입을 제안하는 모든 클럽을 왜 거절하는가를 알아보기 위해, 다음과 같은 간단한 시나리오를 고려하자. 두 개의 클럽-질이 높은 수준인 클럽과 질이 낮은 수준인 클럽-이 있다고 가정하자. 그루초는 어느 것이 높은 수준인지 낮은 수준인지 판별할 수 없으나, 질이 높은 클럽에 가입하고자 할 뿐이다. 그러나 클럽들은 그루초가 어떤 유형의 사람인지를 알고 있으므로, 질이 낮은 클럽만이 그의 회원가입을 제안할 것이다. 그루초를 가입시킬지의 여부를 결정하는 과정에서 **역선택**이 초래되었다-그의 회원가입을 희망하는 클럽에만 그루초를 제한시킴으로써, 그는 저수준의 클럽에만 남겨지게 된다. 따라서 그루초가 대충 겉만 살펴보고 클럽의 질을 판별할 수 없을지라도, 단지 저수준의 클럽만이 그의 회원가입을 희망할 것이라는 것을 그가 알기 때문에, 그는 클럽의 회원가입 제안을 거절한다.

12 경영전략의 새로운 영역

Ⅰ. 진입을 방지하기 위한 진입제한가격

Ⅱ. 경쟁을 줄이기 위한 위협가격설정

Ⅲ. 경쟁을 줄이기 위하여 경쟁자의 비용을 올리기

Ⅳ. 의사결정 시점이나 시행의 순서를 바꾸는 전략

Ⅴ. 네트워크 효과를 극복하기 위한 침투가격 설정

지금까지는 경영전략을 수립하는데 있어서 경쟁기업의 수, 의사결정의 시점, 그리고 상대방들의 의사결정이 주어져 있다고 가정했다. 그러나 이제부터는 이러한 전반적인 경쟁의 양상에 대해서 경영자가 영향을 미칠 수 있다고 가정한다. 다시 말하면, 이번 장에서부터는 경영자가 자신이 현재 실행하고 있는 게임의 내용에 만족하지 못할 때에는 게임의 틀을 바꿀 수 있는 전략적 행동을 할 수 있다고 가정하는 것이다.

우선, 경영환경을 변화시킬 수 있는 세 가지 전략에 대해서 설명하고 있다. 두 개의 가격전략들-진입제한가격, 위협가격-이 설명될 텐데 이것들은 궁극적으로 경쟁기업의 수를 줄이는 전략이다. 세 번째 전략은 경쟁자의 고정비용 또는 가변비용을 올림으로써 경쟁을 제한하는 것이다. 불행하게도 이와 같은 모든 전략들은 경제적으로 장·단점을 수반한다. 경영자는 어떤 전략을 시행할 때, 그것으로부터 얻어지는 잠재적 이득이 그것에 의해 발생되는 비용을 초과할 수 있는가를 확신해야 한다.

비용과 관련된 사항 중 중요한 것 중의 하나는 합법성 여부이다: 경쟁기업을 몰아냄으로써 기업의 이윤을 증가시키려는 경영전략은 독과점 방지기관(예: 공정거래위원회)으로부터 소송을 당할 위험에 놓이게 된다. 독과점 방지법은 국가마다 다르고 한 국가내에서도 지역별로 매우 다르게 적용될 수 있기 때문이다. 어떤 경영전략은 국가 전체적인 차원에서는 합법적일 수 있으나, 특별한 지역이나 다른 나라의 독과점 방지법에는 저촉될 수도 있다. 담당판사에 따라서도 독과점 방지법은 종종 다르게 해석될 수도 있다. 기업체가 소속되어 있거나, 또는 경쟁기업이 속한 특정지역에서도 불법적인 경영전략을 실행함에 따른 법적 비용을 과소평가해서는 안 된다. 연방정부와 지방정부의 반독과점 법률의 도덕적 기준 뿐만 아니라 이러한 독과점 금지법의 위반으로 인한 잠재적 비용은 경영전략에 의해 얻은 이윤들을 상쇄시킬 수도 있다. 이러한 비용들에는 소송비용, 벌금, 기업이미지에 대한 악영향, 그리고 심지어는 기업을 강제적으로 분리, 독립해야하는 것까지도 포함된다.

이번 장의 두 번째 내용은 선발주자 이득과 후발주자 이득에 대해서 설명한다. 의사결정의 시점과 순서를 바꿈으로써 변화되는 경영환경에서 어떻게 이윤을 더 가져올 수 있는가에 대해서 설명할 것이다. 또한 선발주자 이득이 왜 네트워크 산업(통신, 항공사, 인터넷)에서 강점을 가지고 있는지에 대해 분석할 것이다.

I 진입을 방지하기 위한 진입제한가격

- 기존의 기업이 잠재적 진입가능기업들이 시장에 들어오지 못하도록 독점가격보다 낮은 가격을 유지하는 전략
- 시장에 진입하려는 잠재적 경쟁자들의 인센티브를 제거함으로써 경쟁을 줄이는 것이 목적이다.

독점이윤

- 독점자는 양의 경제적 이윤(초과이윤)을 벌고 있다.
- 이러한 이윤은 다른 기업들이 시장에 진입하도록 유인한다.
- 질문 :
  - 독점자가 진입을 방지할 수 있는가?
  - 그렇다면 그렇게 하는 것이 이윤을 낼 수 있는가?

진입제한가격 책정 하에서의 잠재적 문제들

일단 진입이 일어나면 기존 기업이 변화된 낮은 생산량을 유지할 경우 보통 이윤을 낼 수 없다. 합리적인 진입자들은 이것을 인식하고 진입한다.

해결책

기존기업은 진입 전 가격과 잠재적 진입자의 진입 후 이윤을 서로 연결해야 한다.

- 이윤을 내기 위한 가능한 전략들 :
  - 기존기업의 약정 메카니즘
    → 기존 기업이 미리 약정된 생산량을 고수함
  - 학습커브효과
    → 이전의 생산활동에서 얻은 지식으로 인해 낮은 비용으로 생산

- 불완전한 정보
  → 잠재적인 진입자가 기존 기업의 생산비용을 확실히 알 수 없는 경우
- 평판효과
  → 기존 기업이 만만치 않다는 평판

II 경쟁을 줄이기 위한 위협가격 설정

어떤 기업이 경쟁자를 시장에서 몰아내기 위해 당분간 한계비용 이하로 가격을 책정하는 전략.

그 후, 경쟁의 축소로부터 발생하는 이윤의 상승을 향유하기 위해 가격을 인상

기존의 경쟁자들을 제거함으로써 경쟁을 완화시키는 것이 목적이다

위협가격 설정 하에서의 잠재적인 문제들

- 위협을 당하는 기업들의 대응전략들 :
  - 생산을 중단
  - 위협자로부터 낮은 가격으로 구입하여 위협가격 책정이 끝날 때까지 축적해 놓는다.

경쟁자들이 반독점 금지법하에서는 소송이 가능. 그러나 경쟁자들이 보통 그들의 주장을 증명하는 것이 어렵다.

경쟁자들을 몰아내기 위해 위협가격 전략의 실행으로 발생한 손실은 미래 독점 이윤의 현재가치를 초과할 수도 있다.

위협기업은 희생기업보다 상당한 큰 재무자원을 보유해야 한다.

III 경쟁을 줄이기 위하여 경쟁자의 비용을 올리기

어떤 기업이 경쟁자들의 인센티브를 없애기 위해 경쟁자들의 한계비용이나 고정비용을 증가시키는 전략

경쟁자의 비용을 증가시키기 위한 전략들

1. 산업에서 고정비용을 증가시킨다.
2. 수직적으로 통합된 경우 상위시장에서 요소가격을 증가시킨다.
   - 수직적 시장봉쇄 : 통합기업은 중요한 생산요소에 대해 경쟁기업에게 상당한 가격을 부과
   - 이익(가격-비용)의 축소 : 통합기업은 생산요소 가격을 인상하되, 최종 제품가격은 그대로 유지

IV 의사결정 시점이나 시행의 순서를 바꾸는 전략

가끔 의사결정의 시점이나 시행의 순서를 변화시켜 이윤을 증대 시킬 수 있다.

- 선발주자 이득이 존재할 경우, 의사결정을 먼저 할 경우 이득이 된다.
- 후발주자 이득이 존재할 경우에는, 다른 경쟁자가 먼저 결정하도록 하는 것이 이득이 된다.

선발주자 이득 및 후발주자 이득 하에서의 게임사례

■ 사례 1

- 더 작은 자연수를 부르는 게임자가 10달러를 받고, 다른 경쟁자들은 0달러를 받는다.

- 이 게임에서는 선두주자가 항상 10달러를 얻는다.

■ 사례 2

- 더 큰 자연수를 부르는 게임자가 10달러를 받고, 다른 경쟁자들은 0달러를 받는다.
- 이 게임에서는 후발주자가 항상 10달러를 얻는다.

기업의 실제사례는?

기업 A와 B가 생산의사결정을 동시에 할 경우

기업 B

	전략	Low Output	High Output
기업 A	Low Output	$30, $10	$10, $15
	High Output	$20, $5	$1, $2

기업 A는 "낮은 생산(Low Output)"을 하는 지배전략을 활용하여 10달러를 얻는다.

그러나 기업 A가 먼저 의사결정을 할 경우

기업 A는 "높은 생산(High Output)"을 통해 20달러를 얻는다.

■ 필요조건

- "높은 생산"을 할 것을 공개적으로 약속
- 기업 B는 자신의 생산의사결정을 하기 전에 기업 A의 약속을 지켜본다.

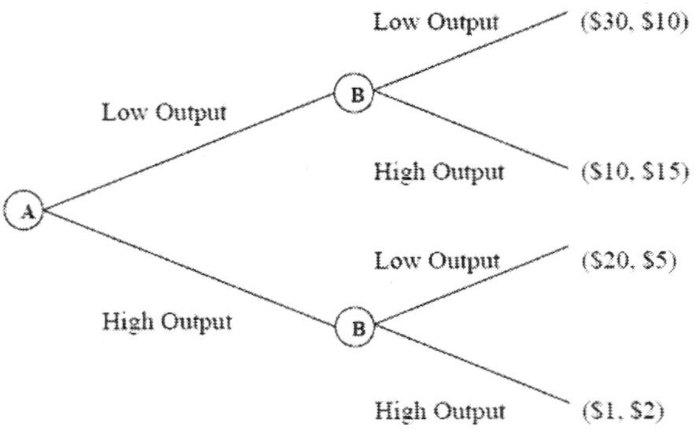

V 네트워크 효과를 극복하기 위한 침투가격설정

1. 네트워크의 정의

네트워크는 지리적 또는 경제적 영역에서 서로 다른 점들을 이어주는 연결선으로 구성된다.

- 일방 네트워크 – 서비스가 단지 한 방향으로 흐른다.

  사례 물, 전기

- 쌍방 네트워크 – 각 사용자의 가치는 다른 많은 사람들이 그 네트워크를 어떻게 사용하느냐에 따라 직접 달려있다.

  사례 전화, 이메일

사례 : 7명의 사용자를 이어주는 쌍방 스타네트워크

- 점 H는 중심점(허브)
- 점 C_1부터 C_7은 사용자를 나타내는 접속점
- 연결 서비스의 총수는

$$n(n-1) = 7(7-1) = 42$$

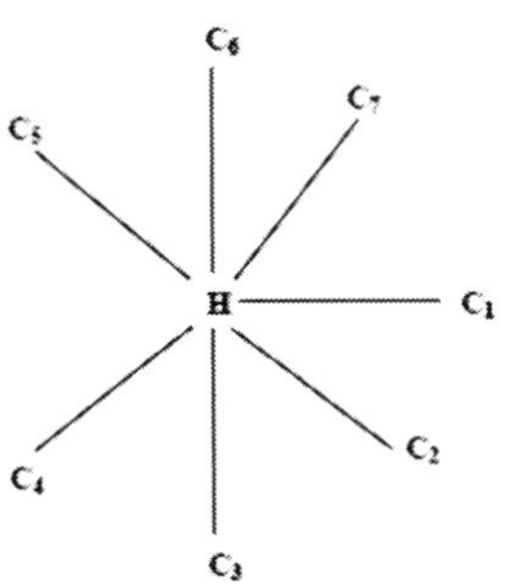

2. 네트워크 외부효과

- 직접적 네트워크 외부효과 – 한 네트워크의 사용자가 다른 사람들이 그 네트워크를 사용함으로 인해 증가되는(즐길 수 있는) 직접적인 가치.
- 간접적 네트워크 외부효과 – 한 네트워크 사용자에 의해 향유되는 2차적 기능확장에 의한 간접적 가치로서 네트워크 부가서비스라고도 한다. 이것은 네트워크의 크기와 보완적 제품이나 서비스의 획득 사이에서 일어나는 상호보완성에 기인한다.
- 혼잡이나 병목현상과 같은 부정적 외부효과가 네트워크가 증가함에 따라 발생할 수 있다.

3. 네트워크 효과를 극복하기 위한 침투가격설정

(1) 문제점

네트워크 외부효과는 보통 새로운 네트워크가 기존의 네트워크를 대체하거나 또는 기존의 네트워크와 경쟁하는 것을 어렵게 한다.

(2) 해결방안 : 침투가격설정

- 새로운 네트워크는 매우 낮은 초기가격을 부과하거나, 그 제품을 무료로 주거나, 심지어 사용자들을 유인하기 위해 새 제품을 사용하도록 소비자에게 금전을 제공하기도 한다.
- 일단 일정이상의 사용자들이 일단 새 네트워크로 이동하게 되면 가격을 인상시킬 수 있다.

침투가격설정이 없을 때 새로운 네트워크 게임

	네트워크 게임		
	사용자 2		
사용자 1	네트워크 제공자	H_1	H_2
	H_1	\$10, \$10	\$0, \$0
	H_2	\$0, \$0	\$20, \$20

■ 조정상의 문제

- 양쪽의 사용자가 동시에 전환할 경우 이득을 얻는다 할지라도, 어떠한 사용자도 일방적으로 H_2로 전환할 인센티브는 없다.
- 사용자가 많을 경우, 더 좋은 균형점으로의 이동을 조정하기가 어렵다.
- 사용자들은 진한색 균형점으로 이동하지 않고 연한색 균형점에 고착될 수 있다.

침투가격설정 하에서의 새로운 네트워크 게임

	네트워크 게임		
	사용자 2		
사용자 1	네트워크 제공자	H_1	H_1 & H_2
	H_1	\$10, \$10	\$10, \$11
	H_1 & H_2	\$11, \$10	\$21, \$21

- 네트워크 제공자 H_2는 그의 네트워크를 사용하도록 소비자들에게 1달러를 지급 ; 소비자들은 양쪽의 네트워크를 사용하더라도 잃을 것이 없다. 진한색 셀이 균형이 된다.
- 사용자들은 최종적으로 H_2가 H_1보다 더 우수하며, 다른 사용자들은 새로운 네트워크에 접근할 수 있다는 것을 인식하게 될 것이다.
- 사용자들은 결국 H_1을 사용하는 것을 그만두며, 그때 H_2제공자는 1달러 지급을 중단하고 네트워크 접속에 대해 가격을 부과하기 시작

요약

- 많은 전략들을 통해 기업은 이윤을 증대시킬 수 있음 :
  - 진입제한가격 설정
  - 위협가격 설정
  - 경쟁자의 비용을 증대시키기
  - 선두주자 및 후발주자 이득을 활용하기
  - 침투가격 설정
- 그러나 이러한 전략들은 항상 최적의 전략들은 아니다. 위 전략들을 사용할 때에는 상당한 주의가 요구됨.

생활속 사례 제품 가격을 정하는 가격전략(Pricing Strategy)

〈표〉 가격전략 매트릭스

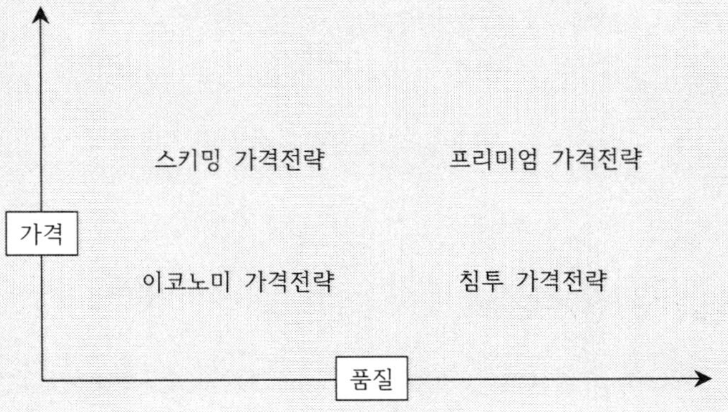

마케팅 목표에 따라 정해지는 가격전략을 알아보자!

가격전략이란 기업이 시장의 수요에 따라 자신의 제품과 서비스의 가격을 정하는 방식. 제품의 포지셔닝(positioning)에 맞게 최적화된 가격을 정하는데 도움을 준다.

가격전략 : 기업이 시장의 수요에 따라 제품과 서비스의 가격을 정하는 것

가격전략 매트릭스는 가격과 제품의 품질(quality)에 따라 다음과 같이 4종류로 구분된다. 각 전략의 장점 및 단점을 알아보자

1. 이코노미 가격전략(Economy Pricing Strategy)

: 낮은 품질(Low Quality)의 제품을 저가에 출시하는 전략

■ **장점**

(1) 경기불황 시 회사 생존에 도움이 될 수 있다.

(2) 유사제품을 더 낮은 가격으로 판매함으로써 경쟁에서 우위를 차지할 수 있다.

■ **단점**

(1) 가격에 민감한 고객들은 언제든지 더 저렴한 제품을 구입할 수 있으므로 충성고객 유치가 어렵다.

2. 침투 가격전략(Penetration Pricing Strategy)

: 제품 출시 초기 낮은 가격을 설정한 후 점차 가격을 올리는 전략. 즉, 기업이 신제품을 출시할 때 처음에는 경쟁 제품보다 낮은 가격을 제시한 후 점차적으로 가격을 올리는 전략

■ 장점

(1) 가장 빠른 방법으로 시장점유율을 높일 수 있고 새로운 경쟁자들보다 확고한 입지를 다질 수 있다.

(2) 빠른 판매를 통해 빠르게 '규모의 경제'를 달성할 수 있다.

■ 단점

(1) 초기 가격을 낮춤으로써, 가격을 인상하기 전까지 낮은 마진이 계속된다.

(2) 고객의 반발로 가격 인상이 어려울 수 있다.

(3) 초기 가격을 너무 낮게 설정할 경우, 고객들에게 저급 브랜드로 인식될 수 있다.

3. 스키밍 가격전략(Skimming Pricing Strategy)

: 고가로 제품을 출시한 후 점차 가격을 낮추는 전략

■ 장점

(1) 이익을 극대화하기 위한 전략

(2) 비용을 회수하는 가장 좋은 방법

■ 단점

비싼 가격으로 출시 후 가격 인하는 초기고객들(early adapters)의 불만을 초래할 수 있다.

제품의 차별성이 없거나 가격을 너무 빨리 인하할 경우 브랜드 충성도를 잃을 수 있다.

4. 프리미엄 가격전략(Premium Strategy)

: 가장 높은 가격을 설정하여 제품에 고급 이미지를 부여하는 전략

■ 장점

(1) 높은 마진 달성에 용이함

(2) 브랜드 이미지 강화 및 타사의 제품과 차별화되는 경쟁력 확보 가능

■ 단점

(1) 충분한 마케팅이 뒷받침되어야 한다. 고객들은 처음 들어보는 브랜드에 높은 가격을 지불하지 않는다.

(2) 높은 가격으로 상류층 고객을 목표(target)로 하기 때문에 고객층이 좁다.

기업사례 12-1 마이크로소프트사의 경영전략

1998년 5월 18일 미국 법무부는 마이크로소프트사를 제소했다. 이 회사는 PC의 컴퓨터 소프트웨어를 공급하는 세계 최대의 회사이다. 제소의 내용은 셔먼**독점금지법** 섹션 1과 섹션 2에 의거한 것이다. 정부는 마이크로소프트사가 경쟁을 방해하는 경영전략을 시행했다고 주장했다. 내용으로는 **마이크로소프트사의 윈도우 운영체제에 다른 소프트웨어를 끼워 팔았다**는 것이다; 마이크로소프트사의 경쟁자나 또는 잠정적 경쟁자의 제품을 사용, 구입, 판촉활동, 또는 판매하는 기업을 배제하도록 다른 기업과 협정을 맺었다는 것이다; 그리고 마이크로소프트사의 경쟁자나 잠재적 경쟁자에게 인터넷서비스나 정보를 제공하는 기업들의 권리에 대하여 제한을 가했다는 것이다.

미국 정부에 의하면 네스케이프는 1990년대 초반 인터넷브라우저 시장에서 70% 내지 80%의 시장점유율을 가지고 있었다고 한다. 마이크로소프트사는 인터넷 익스플로러를 개발, 시험하고 판촉을 하는데 수억 달러의 자본을 사용해왔다. 그러나 마이크로소프트사는 소비자들로 하여금 네스케이프 내비게이터에서 인터넷 익스플로러로 전환, 사용하는데 많은 어려움에 봉착하도록 하였다. 미국 정부에 의하면 마이크로소프트사의 최고 경영진–플래트 폼 그룹의 부사장–은 이 기업의 경영전략을 다음과 같이 간단하게 요약하였다고 한다: "우리는 그들에게 공기의 공급을 차단해야 한다. 그들이 파는 모든 것에 대하여 우리는 무료로 공급할 것이다." 정부의 주장에 의하면, 빌게이츠가 네스케이프를 협박했으며 그 내용은 다음과 같다. "우리의 사업 모델은 모든 인터넷 소프트웨어가 무료라 할지라도 아무런 문제가 없으며… 우리는 여전히 운영체제를 판매하고 있다. 네스케이프의 사업모델은 어떻게 될까? 좋을 것 같진 않다."

1998년 이후로 많은 일이 일어났다. 마이크로소프트사는 소송에서 졌고 ; 네스케이프는 아메리카 온라인과 합병했으며; 아메리카 온라인은 나중에 타임워너와 합병했다. 그리고 2009년 1월 마이크로소프트사가 브라우저를 운영체제에 끼워 판 것은 유럽연합의 **반독점법**에 위배된다고 EC는 선언하였다. 궁극적으로 이러한 마이크로소프트사의 경영전략이 성공적이었는가에 대하여 시간만이 답해줄 수 있을 것이다.

기업사례 12-2 비자와 마스터카드의 경영전략

2004년과 2005년, 미국과 EU(유럽연합)의 **반독점정부기관**들은 비자, 마스터카드, 다수의 주요 다국적 은행에 대해 카드수수료(interchange fees)를 조정한 것에 대해 소송을 제기했다. 그 소송은 신용카드 및 직불카드 수수료를 조정하고, 소매업자들이 현금지불을 요구할 가능성을 제한하는 규제에 대해 제기되었다. 소송 전에, 비자와 마스터카드, 그리고 파트너 은행들은 구매금액 기준으로 1.5% 내지 3.5% 사이의 체크카드 수수료(swipe fees)를 부과했으며, 구매할 때 자신들의 신용카드를 선택하려는 소비자들에게 추가수수료를 소매업자들이 부과하지 못하도록 금지했다. 그러한 경영전략의 결과로 신용카드회사들은 소비자들에게 현금보다도 더 매력적이고 편리하게 되었으나, 소매업자들에게는 더 비싸게 되었다.

비자, 마스터카드, 그리고 주요 은행들은 결국 소매업자들에게 60억 달러이상을 지불하고, 체크카드 수수료를 축소하겠다는 약속을 한 후 소송을 해결하였다. 또한, 소송합의에 따라 소매업자들은 신용카드 구매시 추가수수료를 부과할 수 있게 되었다. 그러나 모든 소매업자들이 그 소송합의에 동의한 것은 아니다. 카르프 SA와 거대한 영국 슈퍼마켓인 Tesco 같은 주요 유럽 소매업자들을 대리하여, 유럽상공회의소는 그 소송합의가 유럽의 소매업자들과 소비자들의 카드수수료 부담을 거의 줄여주지 못할 것이라고 주장했다.

아이슬랜드, 아이랜드, 그리고 스웨덴을 포함한 유럽의 9개국에서 4년 동안 카드수수료를 인하하겠다고 런던에 있는 비자 유럽은 약속했다. 한편, 마스터카드는 신용카드 수수료에 대해서는 0.3%로, 그리고 직불카드 수수료에 대해서는 0.2%로 인하하겠다고 약속했다. 유럽연합 집행위원회에 의하면, 그 수수료율은 현금지급에 대한 카드지급의 선호도를 제거하도록 고안되었다고 한다. 따라서 과도한 신용카드 구매를 상당히 완화시켜줄 것이다.

출처: Aoife White, "Visa Europe settles EU Antitrust Case, Reduces fees," Bloomberg, December 8, 2010; Agustino Fontevecchia, "Visa, MasterCard, and Major Banks pay $6.6B for manipulating interchange fees." *Forbes*, July 13, 2012; "Retailers may begin charging swipe fees on credit card purchase," *U.S. News and World Report*, January 25, 2013.

기업사례 12-3 U. S. Steel사는 진입제한가격을 채택하지 않다.

1901년도에 미국시장의 70%정도가 U. S. Steel사에 의해서 지배되었고, 이 기업은 매출액 대비 25%의 이윤을 향유하였다. 진입제한가격을 통한 시장점유율 유지 대신 U. S. Steel사는 매 기간 최대 이윤을 추구하는 가격전략을 구사하였다. 이러한 전략에 의해 높은 단기 이윤을 가질 수 있었다. 예상된 바와 같이 이러한 전략은 작은 기업들의 진입을 초래했다(이 기업들은 U. S. Steel사가 설정한 가격을 주어진 것으로 받아들였다. 그리고 그들의 이윤을 최대화하였다). 시간의 흐름에 따라 경쟁의 영역이 증가되었다. U. S. Steel사는 점진적으로 가격을 낮추는 것이 유리하다는 것을 발견하였다(이것은 **진입제한가격**에 의한 전략이 아니었다). 이것은 줄어든 시장점유율과 더 탄력적인 수요가 적정가격을 낮춘 것이다. 1930년대 쯤에는 U. S. Steel사의 시장점유율이 30%까지 떨어졌으며 이윤은 매출액 대비 10%이하로 떨어졌다.

이윤의 현금흐름에 대한 현재가치를 계산해 볼 때, 대부분의 경제학자들은 높은 가격을 부과하고 다른 기업들의 진입을 받아들이는 U. S. Steel사의 정책이 아마도 최선의 전략이었다고 동의한다. 다른 무엇보다도 U. S. Steel사는 비용의 이점이 많지 않았으며 진입에 대비하여 높은 시장점유율을 유지하겠다는 믿을만한 약정(commitment)도 할 수도 없었다. 결과적으로 진입제한가격을 통한 진입방지의 시도는 궁극적인 진입에 대한 지연 없이 기업의 이윤만을 떨어뜨렸을 것이다. 최근에 McCraw and Reinhardt는 U. S. Steel사가 진입제한가격을 왜 실시하지 않았는가에 대한 새로운 해석을 내놓았다: 만일 이 기업이 진입방지를 위해서 공격적으로 나섰다면 **반독점법**에 의해서 제재를 받았으리라고 생각하였을 것이라는 점이다.

출처: T. K. McCraw and F. Reinhardt, “Losing to Win: U. S. Steel's Pricing, Investment Decisions and Market Share, 1901-1938.” *Economic History* 49(1989), pp. 593-619; H. Yamawaki, “Dominant Firm Pricing and Fringe Expansion: The Case of the U. S. Iron and Steel Industry, 1907-1930,” *The Review of Economics and Statistics* 67, no. 3(1985), pp. 429-37

기업사례 12-4 시장에 먼저 참여하는 것이 성공을 보장하는가? 혹은 실패를 불러오는가?

초기 PC시장에서는 생산자들이 PC의 미래수요에 대하여 부정확한 예측을 하였다. 그 결과 많은 기업들이 경쟁자들에게 판매를 잠식당했고 또는 재고가 많이 쌓이게 되었다. 이러한 모든 것이 1984년 마이클 델이 델 컴퓨터사를 설립하면서 바뀌게 되었다. 델사의 영업전략은 12MHz 컴퓨터를 1,995$에 파는 것인데 이것은 IBM이 6MHz 컴퓨터를 3,995$에 파는 것과 좋은 대조가 되었다. 궁극적으로 델사는 생산자, 수요자간에 직접판매의 모델을 선도한 것이었다. 그리고 나중에 이러한 직접판매 모델을 인터넷분야에 확장하였다. 많은 다른 기업들이 이러한 전략을 흉내내기 시작했는데(컴팩은 1998년에 직접판매를 시작하였다), 델사의 선발주자 이득으로 이 기업은 2000년도에 판매량과 이윤의 증가에 있어서 업계최고의 위치를 갖게 되었다. 델사는 이러한 선발주자 이득에 의한 이윤을 계속해서 챙겨나간 대표적인 예가 된다(기업들이 많이 진입함으로 인해 이 산업은 나날이 경쟁적이 되어갔다. 이것은 델사에게 컴퓨터를 통하여 가장 선호되는 판매망을 갖게 하였다).

불행히도 시장에 새로운 아이디어를 내놓는 것 또는 생산을 한다는 것이 성공을 보장하는 것은 아니다. 잘 알려진 많은 기업들이 새로운 제품을 시장에 처음으로 내놓았지만 선발주자라는 이유만으로 **선발주자의 이득**을 달성하지는 못했다. 척스라고 불리는 최초의 1회용 다이퍼는 프록터&갬블사에 의하여 잊혀지게 됐는데, 프록터&갬블사는 나중에 팸퍼라는 제품을 출시하였다. 암팩스라 불리는 회사는 비디오 레코드의 선구자였지만 소니사가 베타방식의 VCR(지금은 잊혀 졌지만)을 출시함으로써 대부분의 사람들이 소니사를 선발주자로 기억하게 되었다. 궁극적으로 JVC사가 VHS방식으로 이 시장을 평정하게 되었다.

첫 번째(선발주자)라는 것이 항상 이득이 되는 것은 아니다; 때로는 참고 기다리는 것이 이득이 될 때가 있다. 선발주자 혹은 두 번째 주자가 이득을 취할 수 있어도 시장이 역동적으로 움직이는 것을 고려해야 한다. 델(Dell)사와 다른 기업들의 장기적인 경험에서 본바와 같이 선발주자 이득은 장기적으로 살아남지 않을 수도 있다.

출처: "Being There First Isn't Good Enough," *The Wall Street Journal*, June 8, 1996; Michael Dell, *Direct from Dell*, Harper Collins, 1999; various company Internet sites.

기업사례 12-5 네트워크 외부효과와 침투가격전략(야후! 옥션의 경우)

온라인 옥션은 전형적인 배타적 네트워크의 예에 속한다. 특히 이-베이(e-Bay)와 같은 기업들이 구매자와 판매자의 연결을 제공하는 허브로 생각될 수 있다. 더 많은 구매자가 이 사이트를 방문할수록 판매자에게 이 사이트는 더 많은 가치를 갖게 한다. 마찬가지로 이 사이트에 판매자가 더 많은 목록을 제공함으로써 구매자에게 이 사이트는 가치가 더 크게 되는 것이다. 선발주자인 이-베이가 인터넷상에 판매와 구매 아이템을 올려놓는 사이트를 개설하면 새로운 진입자는 여기에 진입할 발판을 얻기가 힘들어진다. 결국 새로운 사이트에 그들의 상품을 팔려는 판매자들이 게시를 하지 않으려 할 것이며 따라서 구매자들도 그 사이트를 방문할 인센티브가 없어진다. 그리고 구매자가 그 사이트를 방문하지 않는다면 판매자도 그들의 아이템을 게시하려는 권리에 대하여 비용을 지불할 의사가 없게 되는 것이다. 이렇게 온라인 옥션에서 이-베이처럼 시장지배력을 유지할 수 있게 되는데 이것은 **네트워크효과와 선발주자 이득**에 기인한 것이다. 이와 같이 명백한 시나리오하에서 1990년대 말 야후가 도전하게 된다. 야후는 이-베이와 경쟁하기 위하여 온라인 옥션시장에 진입을 원했다. 네트워크효과의 문제를 인식하고 동시에 이-베이의 선발주자 이득을 인식하면서 야후는 침투가격 전략을 채택하였다. 그것은 구매자와 판매자 모두에게 옥션사이트를 무료로 이용하게 하는 것이었다. 이-베이가 판매자에게 비용을 요구하였으므로 이와 같은 무료전략을 통해 야후는 옥션사이트가 운영될만한 최소의 인원을 끌어 모으려고 시도한 것이다. 충분히 많은 수의 판매자와 구매자가 이 사이트를 이용하게 되면서 네트워크 효과가 생겨났고, 야후는 그들의 옥션서비스에 요금을 받기 시작하였다.

그러나 불행하게도 야후의 이런 전략은 이-베이의 네트워크 효과와 선발주자 이득을 뛰어넘지 못하게 하였다. 결국 야후는 미국시장 내에 온라인 옥션사이트를 2007년 6월에 폐쇄하였다.

출처: Michael R. Baye and John Morgan, "Information Gatekeepers on the Internet and the Competitiveness of Homogeneous Product Markets." *American Economic Review* 91, no. 3(June 2001), pp. 454-74; Yahoo! Auction site at http://help.yahoo.com/help/auctions/asell/,accessed on October 6, 2001; "Yahoo! US Auction Sites are Retired!" at http://auctions.shopping.yahoo.com/,accessed on March 7, 2009

13 정부규제와 기업경영

I. 시장의 실패요인

- 시장지배력
- 외부효과
- 공공재
- 불완전한 정보

II. 지대추구(rent seeking)

III. 정부정책과 국제시장

- 할당제도(쿼터제)
- 관세

이 책의 대부분에서는 정부의 간섭없이 기업과 소비자가 재화 및 서비스를 거래하는 장소로서 시장을 취급했다. 그러나 여러분도 알다시피, 정부에 의해 통과되고 시행되는 규칙과 규제는 기업과 소비자가 하는 거의 모든 의사결정에 영향을 미친다. 정부에 의해 제정된 규제를 이해하고, 왜 그러한 규제들이 제정되었고, 어떻게 그것들이 최적 경영의사결정에 영향을 미치는지를 경영자로서 이해하는 것은 중요하다.

우리는 자유시장이 왜 사회적으로 효율적인 재화의 양을 제공하는 것에 실패할 수 있는지에 대한 네 가지 이유를 분석할 것이다: (1) 시장 지배력, (2) 외부성, (3) 공공재, (4) 불완전 정보. 우리의 분석은 이러한 "시장의 실패"를 줄이기 위해 고안된 정부 정책을 간단히 살펴보고, 어떻게 정부정책이 경영의사결정에 영향을 미치는지에 대한 설명을 포함한다. 시장에서의 자원배분에 영향을 주는 정책을 만드는 정치인의 힘은 그 정책으로 인해 불리하게 영향을 받는 사람들에게 로비활동에 관련한 인센티브를 제공한다. 이러한 유형들의 지대추구행위에 대한 근본적인 이유가 분석될 것이다. 마지막으로 어떻게 이러한 활동이 정치인으로 하여금 국제무역에 의해 영향을 받는 시장에서 할당이나 관세 같은 제한을 두도록 하는지에 대해 분석할 것이다.

I 시장의 실패요인

1. 시장지배력

- 시장지배력은 기업이 가격을 한계비용보다 높게 설정 할 수 있는 능력
- 시장지배력을 가진 기업들은 사회적으로 비효율적인 생산량을 생산
  - 너무 작은 생산량
  - 가격이 한계비용을 초과
  - 사중손실(deadweight loss) : 사회적 부(wealth)의 손실금액

독점금지 정책들

- 미국의 경우 법무부 독점금지국과 연방거래위원회가 관리.
- 한국은 공정거래위원회가 관리.
- 목적 :
  - 독점의 사중손실을 제거하고 사회적 부를 증대시킴
  - 경영자들이 독점력을 조성하는 전략들을 사용하는 것을 불법으로 만든다.

1) 셔먼의 독점금지법(1890)

조항 1과 조항 2는 가격 고정, 시장분할, 그리고 독점화하기 위해 사용된 기타 담합행위들 또는 시장을 독점화하려는 시도를 금지

2) 미국 vs 뉴저지의 스탠다드 석유회사(1911)

- 석유제품가격을 고정시키려는 시도로 고소됨.
- 시장지배력을 증대시키기 위해 사용된 방법들 :
  - 화주와 다른 생산자에게 물리적 위협 사용
  - 유령회사 설립
  - 다른 회사의 직원을 뇌물로 매수, 스파이에 의한 첩보활동
  - 무역억제와 관련된 행위

- 석유산업의 독점화 시도
  결과 1 : 스탠다드 석유회사는 33개 자회사로 분할
  결과 2 : 대법원의 새로운 논거의 법률원칙
- 모든 무역억제가 불법은 아니고, 근거가 없는 무역억제만이 금지되어 있다고 규정
  셔먼독점금지법과 논거의 법률원칙에 기초하여, 특정의 가격전략이 불법인가를 기업들이 사전에 어떻게 아는가?

3) 클레이톤 법(1914)

- 숨겨진 중개 수수료와 숨겨진 리베이트를 불법으로 만든다.
- 조항 3은 배타적인 거래를 금지하며 또한 효과가 상당한 정도로 경쟁을 축소시키는 구속적인 협약을 금지시킨다.

4) 셀라-키포우버 법(1950)

- 클레이톤법의 조항 7을 수정. 인수합병(M&A) 정책을 강화

수평적 합병의 가이드 라인들

- 시장집중도
  - 허핀달-허쉬만 지수(HHI)
  - HHI가 1800을 초과하는 산업은 일반적으로 집중도가 높은 산업으로 판단
  - 이 경우 법무부 독점금지국 또는 연방거래위원회는 합병이 HHI를 100이상 증가시킬 경우 합병을 저지시킬 수 있음

2. 외부효과

- 부정적 외부효과는 어떤 재화의 생산이나 소비에 관여하지 않는 제3자가 부담하는 비용
  - 잘 정의된 재산권이 존재하지 않을 경우 발생. 사례 공해

정부규제를 통해 기업들로 하여금 오염비용을 내부화 하도록 함으로써 사회적으로 효율적인 생산량을 유도 **사례** 공기청정법(1970)

3. 공공재

- 소비에서 비경합성과 비배제성인 재화
  - 비경합성 : 어떤 재화에 대한 소비가 다른 사람이 그 재화를 소비하는 것을 방해하지 않을 경우의 재화

    사례 라디오 주파수, 국방
  - 비배제성 : 일단 제공되면, 어느 누구도 그것을 소비하는 것으로부터 배제될 수 없는 재화

    사례 깨끗한 공기, "무임승차" 문제
  - 개인들은 비경합성과 비배제성 때문에 공공재를 구매할 인센티브가 거의 없음

4. 불완전 정보

- 가격, 품질, 기술 또는 위험에 대해 불완전한 정보를 가지고 있는 시장참여자들은 생산요소의 이용과 기업의 산출량에 비효율성을 가져올 수 있음
- 정부는 불완전정보 그리고(또는) 정보비대칭에 의해 야기된 비효율성을 방지하기 위해 정보제공자로서 활동

불완전정보를 완화하기 위해 고안된 정부 정책들

- 직업안전과 건강관리국의 규제- 흡연위험 공지, 근로환경 규제
- 증권거래소의 내부자거래 규제
- 인증제도, 대출진실법, 광고에서의 진실법, 계약의 이행

II 지대 추구(rent seeking)

정부 정책은 일반적으로 다른 그룹을 희생시켜 특정그룹에 혜택을 준다. 로비스트들은 이러한 정책에 영향을 주기 위한 시도로 상당한 양의 돈을 쓴다.
이러한 과정을 지대추구라고 한다.

사례 : 독점권의 추구

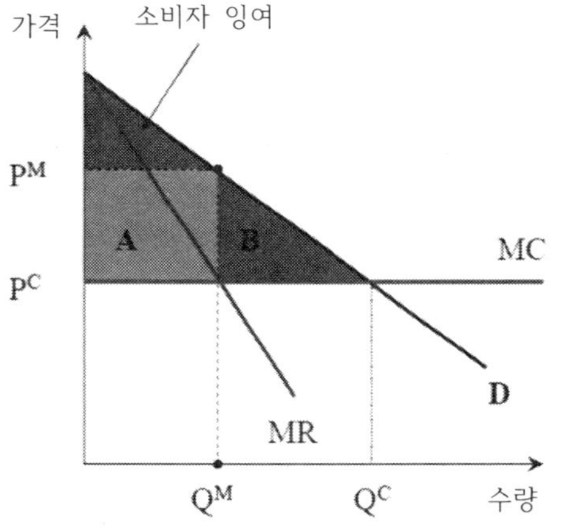

M = 독점시장
C = 완전경쟁시장

- 독점권을 확보하려는 기업의 금전적 인센티브 : A
- 독점에 반대하려는 소비자들의 금전적 인센티브 : A+B
- 기업의 인센티브(A)는 소비자들의 인센티브(A+B)보다 작다.
- 그러나 소비자들의 인센티브는 많은 개별소비자들간에 분산.
- 그 결과 기업들은 종종 그들의 로비활동에 성공

III 정부정책과 국제시장

1. 할당제(쿼터제)

- 외국의 경쟁기업이 국내에 가져올 수 있는 제품의 수량을 제한
  이 제도는 국내시장에서의 경쟁을 축소시켜 가격의 상승, 소비자 잉여의 하락, 그리고 국내기업의 이윤을 증가시킴

2. 관세

- 일괄적인 고정관세 : 외국기업이 국내시장에 들어오기 위해서 지불하는 고정요금
- 종량관세 : 각 수입제품에 대한 단위당 요금
  관세량 만큼 한계비용(MC)곡선의 이동을 초래하여 모든 외국기업들의 공급을 축소시킴

요약

- 시장지배력, 외부효과, 공공재, 그리고 불완전한 정보때문에 시장에서의 잠재적 정부역할(정부규제)이 발생
- 그러나, 정부의 존재(정부의 규제)는 지대추구 인센티브를 초래하며 그것은 다시 문제를 개선할 수 있는 능력을 저해할 수도 있다.

생활속 사례 시장경제의 작동 원리와 시장실패/정부실패

(다양한 형태의 시장) 우리는 시장하면 편의점이나 할인마트 또는 남대문시장과 같은 구체적인 장소를 먼저 생각하게 된다. 그러나 시장에는 다양한 종류와 형태가 있다. 프로축구 구단에서는 선수와 구단 사이에 연봉계약이 이루어지고 방송국에서는 연예인과 출연계약을 맺으므로 그곳 역시 시장이라 할 수 있다. 금융시장이나 외환시장도 있고 인터넷상으로 거래가 이루어지는 사이버시장도 있다. 또한 쌀시장 개방 압력, 영화시장 개방불가 등과 같은 말을 들은 적이 있을 것이다. 나아가서는 한 국가나 세계 전체를 한 시장으로 보기도 한다. 이와 같이 거래 대상이 있고 사려는 사람과 팔려는 사람이 있어 거래가 이루어지는 곳은 모두 시장이라 할 수 있다.

(시장경제와 계획경제) 그런데 여러분은 시장이라는 말과 아울러 시장경제 또는 시장경제체제라는 말을 많이 들어보았을 것이다. 시장경제(자본주의 경제)란 사유재산제도를 인정하면서 시장에서 결정되는 가격에 의해 자원이 효율적으로 배분되고 자발적인 교환에 의해 경제문제가 해결되는 경제체제를 말한다. 이에 대하여 계획경제(사회주의 경제)란 시장경제와 대응되는 개념으로 생산이나 교환이 국가의 계획이나 지시에 의해 이루어지는 경제체제를 말한다. 오늘날 대부분의 나라들은 시장경제체제를 근간으로 하되 국가가 보완적으로 시장에 개입하는 형태(혼합경제)를 채택하고 있다.

(사장경제체제의 특징) 시장경제에서는 개인이나 기업 등 각 경제주체가 무엇을, 얼마만큼, 어떻게 생산하고 소비할 것인지를 스스로 결정한다. 이러한 의사결정은 시장에서 결정되는 가격에 따라 자신의 만족을 극대화하는 선택들로 이루어진다. 다시 말하면 시장에서 수요와 공급에 의해 결정되는 가격은 수많은 경제주체의 개별적인 활동을 자율적으로 조정하는 매우 중요한 역할을 한다고 할 수 있다.

(시장에서 작동하는 보이지 않는 손) 여러분들은 밤하늘의 별이나 들판에 핀 꽃 또는 어떤 자연현상을 관찰하면서 조물주의 절묘한 조화에 경탄을 금치 못한 적은 없나요? 자연현상과 마찬가지로 우리가 늘 접하는 경제현상도 이와 같이 신비롭게 이루어지는 측면이 있다. 수많은 경제 주체들이 시장에서 끊임없이 각자의 이익을 위해 경제활동을 하지만, 전체적으로 조화를 이루면서 생산과 교환이 이루어지는 것은 놀라운 일이다. 그것도 더 이상 개선의 여지가 없을 정도로 효율적으로 이루어진다면 더더욱 놀라운 일일 것이다. 시장경제체제의 이러한 특성을 영국의 경제학자 아담 스미스는 시장의 '보이지 않는 손'에 의해 그런 일들이 이루어진다고 설명하였다. 이와 같이 시장경제체제의 효율성은 시장 내에서 경제주체들의 자유 의지에 의해 형성된 가격이 제 기능을 발휘하는 데서 보장된다고 할 수 있다. 이러한 가격의 기능을 강조하여 시장경제체제를 가격기구(price mechanism)라고도 한다.

(경쟁은 시장경제 작동의 기본 전제) 시장에서는 돈을 벌려는 사람과 필요한 것을 구하려는 사람들이 모여 여러 가지 거래를 한다. 이런 시장에서 각 경제주체는 자신의 이익을 극대화하기 위해 다양한 경쟁을 하기 때문에 시장은 활기차게 움직인다. 가격경쟁은 물론이고 제품의 질을 향상시키기 위한 경쟁, 보다 나은 애프터서비스를 제공하기 위한 경쟁, 새로운 시장을 개척하기 위한 경쟁, 보다 좋은 직장이나 일자리를 갖기 위한 경쟁 등 무수히 많다. 시장경제의 가장 중요한 작동원리는 이러한 경쟁이라 할 수 있다. 그런데 시장경제에서 경쟁이 중요한 이유는 경쟁이 있어야 가격이 제 기능을 제대로 발휘할 수 있기 때문이다. 경쟁이 없고 독점이윤을 누리는 기업이나 산업은 기술개발의 필요성을 느끼지 못하는 경우도 많다. 사적 소유권이 인정되지 않는 사회주의에서는 개인이 노력한 결과가 자기의 소득으로 연결되지 않기 때문에 경쟁의 효과를 기대하기가 어렵다. 따라서 경제활동이 효율적으로 잘 이루어지도록하기 위해서는 바로 이 경쟁이 자유롭고 공정하게 이루어질 수 있도록 하는 것이 매우 중요하다고 할 수 있다.

(시장실패와 정부실패) 시장경제체제는 지금까지 살펴본 바와 같이 시장의 자율적인 가격 기능과 자유로운 경쟁에 의해 자원의 분배나 생산, 소비 등의 경제문제가 효율적으로 해결되는 체제라 할 수 있다. 그러나 현실적으로는 시장여건이 불완전한 경우가 많이 있다. 또한 교육이나 환경 등의 문제를 시장기능만으로 해결하기는 어렵다. 이와 같이 시장에 의해 자원 배분이 효율적으로 이루어지지 못한 상태를 **시장실패**(market failure)라고 한다. 여러분도 잘 아는 조선시대 박지원의 소설 '허생전'에 나오는 허생의 경우를 예로 들어보자. 주인공 허생은 하던 공부를 그만 두고 장사를 하여 많은 돈을 벌었다. 허생이 이렇게 큰 돈을 벌 수 있었던 이유는 생활필수품을 매점매석하였기 때문이다. 즉 시장에 있는 말총(당시 선비들의 필수품인 붓을 만드는 재료)을 모조리 사들인 후 마음대로 값을 올려 큰 이익을 남긴 것이다. 이와 같은 생활필수품에 대한 독점은 국민들의 생활에 큰 피해를 주므로 대부분의 국가에서는 생필품에 대한 독점을 법으로 금지하고 있다. 이와 같이 정부는 시장경제에서 시장이 제대로 기능할 수 있도록 법과 규칙을 만들고 이를 집행하는 심판자 역할을 한다. 그러나 정부의 적절치 못한 대응이나 지나친 개입은 오히려 경제의 효율성을 높이기보다는 오히려 떨어뜨리는 경우가 있다. 이를 **정부실패**(government failure)라고 한다. 그런데 시장실패의 폐해 못지않게 정부실패도 심각한 문제를 낳게 된다. 따라서 대부분의 경제활동은 시장의 경쟁 원리에 맡겨 두고 정부는 시장에서 공정하게 경쟁이 이루어지도록 법이나 제도를 개선하고 지키도록 하는 감시자 역할에 충실함으로써 정부실패를 최소화할 수 있다. 이 외에도 소득분배의 불균형을 개선하고 소년소녀가장 등 경제적 약자를 배려하는 것도 정부가 해야 할 일이다.

생활속 사례 지대추구(rent seeking)의 사회적 손실

아마도 국민들이 언론을 통해 귀가 따가울 정도로 듣는 뉴스중 하나는 각종 '게이트'니 혹은 '특혜의혹'이니 하는 뒷돈이 오고간 사건들에 관한 소식이다. 일반 국민들로서는 그런 일들이 없었으면 하는 바램이 간절하지만 정도와 빈도의 차이만 있을 뿐 선진국을 포함한 모든 나라들이 이로 인한 고통과 혼란을 경험하곤 한다. 그러면 이런 일들이 왜 발생하게 되는 것일까?

물론 이유는 자명하다. 즉, 관련 집단(혹은 개인)이 특혜나 특권을 거래함으로써 사사로운 욕심을 챙기려하기 때문이다. 그런데 시장경제는 개인과 집단이 각각의 이익을 열심히 추구함으로써 효율적으로 작동되는 것이므로 이러한 사익추구가 문제될 것은 없을 것이다. 그러나 그렇지가 않다. 위의 사익추구행위에는 불법여부는 차치하고라도 투명한 경쟁이 결여된 채 이루어진 것이어서 사회적으로 큰 낭비를 초래한다.

특혜를 받은 당사자가 댓가로 관료나 정치인에게 돈을 주었다면 이는 생산자원의 낭비를 의미한다. 예를 들어, 100억원의 이익이 기대되는 사업의 독점권을 얻기 위해 3개 기업이 관료(혹은 정치인)에게 각각 50억원의 로비를 했다 하자. 그러면 독점권을 획득한 1개의 기업은 로비 비용을 빼고 50억원의 이익을 얻게 된다. 그러나 나머지 2개 기업의 손실(100억)을 감안하면 이 사업의 시행은 사회적으로 50억원의 손실을 발생시킨 것이다. 만약 로비 비용(150억)의 낭비없이 시행되었더라면 순수하게 100억원의 사회적 이익을 발생시켰을 수도 있다.

경제학에서는 자원을 특정 사업에 투입하여 얻는 수익이 다른 목적에 사용하여 얻는 수익(='기회비용')보다 클 경우 그 차액을 '**지대**'(rent)라고 한다. 지대의 존재는 새로운 이익의 존재를 의미하므로 경쟁자들이 등장하여 이익은 줄게 되며 결국 없어지게 된다. 그러나 어떤 사업을 배타적으로 독점할 수 있다면 독점이윤, 즉 지대가 계속 존재하게 된다. 정부의 인허가 등 인위적으로 형성된 독점지대는 여타 경쟁자의 진출을 막아 일반적으로 사라지지 않는다. 이러한 지대를 얻기 위한 대표적 활동이 로비로 나타나게 된다.

그런데 지대를 얻기 위한 활동 중에는 특허권 획득과 같이 사회에 이득을 가져다주는 활동도 있으나 위의 예처럼 사회적 손실을 발생시키는 활동(**지대추구활동**, rent seeking)도 있다. 사회적 손실을 유발하는 지대추구활동과 결부될 수 있는 정부정책으로는 각종 수입제한을 통한 산업보호, 개발특혜, 금융특혜, 공기업 불하 등이 있다.

이러한 지대추구에 따른 사회적 손실을 줄이는 방법은 우선 독점권을 부여할 수 있는 정부의 각종 인허가 규제를 대폭 축소하는 것이다. 그리고 독점권을 부여하는 경우에도 가급적 정보를 투명하게 공개하여 획득기회의 균등을 보장해야 한다. 또한 독점권을 경매, 추첨, 주민투표 등을 통해 부여하면 관료들의 지대획득 기회를 줄이는 효과와 함께 기업의 지대추구 유인도 줄어들게 된다. 결국 사익 추구가 정당한 정치·경제제도 하에서는 각종 지대추구행위가 상존할 것이므로 당사자들의 도덕성을 믿기보다는 지대추구를 줄일 수 있는 제도 마련과 이의 엄정한 집행이 필요할 것이다.

기업사례 13-1 전력시장에서의 규제 철폐

과거 자본집약적인 전력산업에서 규모의 경제로 인해 전기가격은 수익률 규제를 통해 규제되어 왔다. 이러한 **가격규제**를 통해 전기회사들이 자본의 가치나 또는 수익률에 근거한(그러나 회사들의 이윤이 보장된 것은 아님) 이윤을 얻도록 허락받았다. 1978과 1992년 에너지 정책법–Public Utility Regulatory Policies Acts(PURPA)–을 통해 규제받지 않는 독립적 전력생산자에게 전력 도매시장이 개방되었다.

1996년이 되어서야, 연방 에너지규제위원회(FERC)는 고압전기를 각 지역으로 보내던 대량운송라인(bulk transmission lines)은 최종소비자에게 전력을 공급하고자 하는 누구에게나 개방되도록 하였다.

규제철폐 계획은 각 주마다 달랐다. 그러나 많은 주에서 경쟁을 유도하려는 노력의 일환으로 한 때 수직적으로 결합되었던 발전시설이 몇몇 개로 혹은 완전히 분리되도록 요구되었다.

오늘날 약 25개의 주에서 전기소비자에게 선택권을 부여한다. 그러나 선택은 전력생산에만 한정되어 있다. 전력을 최종소비자에게 배달하는 것은 자연독점으로 남아있다. 그 이유는 전기를 보내는데 사용되는 전신주와 전선에 들어가는 엄청난 비용이 고정비용이기 때문이다. 결과적으로 전력산업의 규제철폐가 실질적으로 가져온 것은 이 산업을 구조조정한 것으로 요약된다. 규제를 철폐한 주에서 전력산업은 수직결합의 정도가 약화되었다. 전기를 생산하는 것은 이론적으로 경쟁적이다. 그러나 고객의 전기를 누가 생산하든 관계없이, 지역에 있는 전기회사는 아직도 전기를 공급하고, 기본적인 수익률 규제하에서 이러한 서비스 요금이 결정된다.

전력의 선택권을 완벽하게 이용하는 고객들은 대부분 산업체들이다. 소규모 상업용과 주거용 고객들은 전환비용이 너무 크고 대부분의 경우 (저가의 전기가격) 선택에 의해 받는 이득이 매우 작다는 것을 알게 된다. 또한, 전기회사들은 소규모 고객들을 확보하기 위한 인수비용이 처음에 기대했던 것보다 더 크다는 것을 발견했다. 따라서 새로운 시장의 소규모 고객들에게 전기를 판매하는 인센티브가 약화되었다. 따라서 전력규제 철폐를 실험했던 주에서는, 대부분의 소규모 고객들이 실제로 전력공급자들을 선택할 여지가 거의 없다.

출처 : Interviews with Vincent Marra, former rate analyst, Delmarva Power, February 28, 2007.

참고문헌

「Managerial Economics and Business Strategy」, 7th ed. Michael R. Baye, McGraw-Hill Irwin, 2010

「경영전략과 경영경제학」, Managerial Economics and Business Strategy, 7th ed. Michael R. Baye, McGraw-Hill Irwin, 2010의 역서, 정기웅, 이상학, 강재형 공역, 지필미디어 출판사, 2010년.

경제교육센터 자료, 한국은행

논문 참고문헌

Adrangi, Bahram; Chow, Garland; and Gritta, Richard, " Market Structure, Market Share, and Profits in the Airline Industry." *Atlantic Economic Journal* 91(1), March 1991, pp. 98-99.

Allen, Bruce T., : Merger Statistics and Merger Policy." *Review of Industrial Organization* 1(2), Summer 1984, pp. 78-92.

Arnold, Michael A., "The Principal-Agent Relationship in Real Estate Brokerage Services." *American Real Estate and Urban Economics Association Journal* 20(1), Spring 1992, pp. 89-106

Bagwell, Kyle and Ramey, G., "Oligopoly Limit Pricing." *Rand Journal of Economics* 22(2), Summer 1991,pp. 155-72.

Benson, Bruce L. and Faminow, M. D., "The Impact of Experience on Prices and Profits in Experimental Duopoly Markets." *Journal of Economic Behavior and Organization* 9(4), June 1988, pp. 345-65.

Bolton, Patrick; Brodley, J. F.;and Riordan, M. H., "Predatory Pricing: Response to Critique and Further Elaboration." *Georgetown Law Journal* 89(8), August 2001, pp. 2495-2529.

Buschena, David E. and Perloff, Jeffrey M., "The Creation of Dominant Firm Market Power in the Coconut Oil Export Market." *American Journal of Agricultural Economics* 73(4), November 1991, pp. 1000-1008.

Butler, Richard V. and Mather, Michael D., "The Control of Externalities in a Growing Urban Economy." *Economic Inquiry* 20(1), January 1982, pp. 155-63

Charles, Joni S. James, "Information Externalities: Information Dissemination as a Policy Tool to Achieve Efficient Investment Decisions in a Two-Firm Oil Drilling Industry." *Studi Economici* 44(39), 1989, pp. 29-49

Chen, Yu Min and Jain, Dipak C., "Dynamic Monopoly Pricing under a Poisson-Type Uncertain Demand." *Journal of Business* 65(4), October 1992, pp. 593-614

Cheung, Francis K. and Davidson, Carl, "Bargaining Structure and Strike Activity." *Canadian Journal of Economics* 24(2), May 1991, pp. 347-71.

Conard, Cecilia and Duchatelet, Martine, "New Technology Adoption: Incumbent versus Entrant." *International Journal of Industrial Organization* 5(3), September, 1987, pp. 315-21

Cornwell, Christopher; Dorsey, Stuart; and Mehrzad, Nasser, "Opportunistic Behavior by Firms in Implicit Pension Contracts." *Journal of Human Resources* 26(4), Fall 1991, 704-25.

Dionne, Georges and Doherty, Neil A., " Adverse Selection, Commitment, and Renegotiation: Extension to and Evidence from Insurance Markets." *Journal of Political Economy* 102(2), April 1994, pp. 209-35.

Evans, William N. and Kessides, Ioannis, "Structure, Conduct, and Performance in the Deregulated Airline Industry." *Southern Economic Journal* 59(3), January 1993, pp. 450-67

Friedman, Daniel, "Producers' Markets : A Model of Oligopoly with Sales Costs." *Journal of Economic Behavior and Organization* 11(3), May 1989, pp. 381-98.

Giliberto, S. Michael and Varaiya, Nikhil P., "The Winner's Curse and Bidder Competition in Acquisitions: Evidence from Failed Bank Auctions." *Journal of Finance* 44(1), March 1989, pp. 89-75.

Goodman, Allen C., "Estimation of Offset and Income Effects on the Demand for Mental Health Treatment." *Inquiry* 26(2), Summer 1989, pp. 235-48

Granitz, E. and Klein, B., "Monopolization by 'Raising Rivals' Costs' : The Standard Oil Case." *Journal of Law and Economics* 39(1), April 1996, pp. 1-47

Greenway, D. and Milner, C., "Fiscal Dependence on Trade Taxes and Trade Policy Reform." *Journal of Development Economics* 27(3), April 1991, pp. 95-132.

Grosskopf, Shawna and Yaisawarng, Suthathip, "Economies of Scope in the Provision of Local Public Services." *National Tax Journal* 43(1), March 1990, pp. 61-74.

Holahan, William L. and Schuler, Richard E., "Competitive Entry in a Spatial Economy: Market Equilibrium and Welfare Implications." *Journal of Regional Science* 21(3), August 1981, pp. 341-57

Horowitz, I., "On the Effects of Cournot Rivalry between Entrepreneurial and Cooperative Firms." *Journal of Comparative Economics* 15(1), March 1991, pp. 115-21.

Horowitz, John K. and Lichtenberg, Erik, "Insurance, Moral Hazard, and Chemical Use in Agriculture." *American Journal of Agricultural Economics* 75(4), November 1993, pp. 926-35

Horsky, Dan and Nelson, Paul, "New Brand Positioning and Pricing in an Oligopolistic Market." *Marketing Science* 11(2), Spring 1992,pp. 133-53.

Katz, Michael L. and Shapiro, C., "Systems Competition and Network Effects." *Journal of Economics Perspectives* 8(2), Spring 1994, pp. 93-115

Kim, H. Youn And Clark, Robert M., "Economies of Scale and Scope in Water Supply." *Regional Science and Urban Economics* 18(4), November 1988, pp. 479-502.

Koller, Roland H., Ⅱ, "When Is Pricing Predatory?" *Antitrust Bulletin* 24(2), Summer 1979, pp. 283-306

Lange, Mark D. and Luksetich, William A., "Demand Elasticities for Symphony Orchestras." *Journal of Cultural Economics* 8(1), June 1984, pp. 29-47.

Martin, Randolph C. and Wilder, Ronald P., "Residential Demand for Water and the Pricing of Municipal Water Services." *Public Finance Quarterly* 20(1), January 1992, pp. 93-102.

Millner, Edward L. and Pratt, Michael D., "Risk Aversion and Rent Seeking: An Extension and Some Experimental Evidence." *Public Choice* 69(1), February 1991, pp. 81-92.

Munley, Vincent G.; Taylor, Larry W.; and Formby, John P., "Electricity Demand in Multi-Family, Renter-Occupied Residences." *Southern Economic Journal* 57(1), July 1990, pp. 178-94.

Nahata, Babu ; Ostaszewski, Krzysztof; and Sahoo, P.K., "Direction of Price Changes in Third-Degree Price Discrimination." *American Economic Review* 80(5), December 1990, pp. 1254-58.

Werden, G. J., "Network Effects and Conditions of Entry: Lessons from the Microsoft Case." *Antitrust Law Journal* 69(1), 2001, pp. 87-111.

White, Michael D. and Luksetich, William A., "Heroin: Price Elasticity and Enforcement Strategies." *Economic Inquiry* 21(4), October 1983, pp. 557-64

Wiggins, Steven N. and Lane, W. J., "Quality Uncertainty, Search, and Advertising."

American Economic Review 73(5), December 1983, pp. 881-94.

Wilder, Ronald P.; Johnson, Joseph E.; and Rhyne, R. Glenn, "Income Elasticity of the Residential Demand for Electricity." *Journal of Energy and Development* 16(1), Autumn 1990, pp. 1-13.

Wirl, F., "Dynamic Demand and Noncompetitive Pricing Strategies." *Journal of Economics* 54(3), 1991, pp. 105-21.

Wu, Mickey T. C. and Monahan, Dennis, "An Experimental Study of Consumer Demand Using Rats." *Journal of Behavioral Economics* 12(1), Summer 1983, pp. 121-38.

찾아보기

ㅊ

ㅋ

ㅌ

ㅍ

ㅎ

기타